KB096858

창업의 진화

로컬벤처와 지역재생

———

이 책은 2018년 대한민국 교육부와 한국연구재단의 지원을 받아 수행한 연구
입니다. (과제번호: NRF-2018S1A3A2075237)

서강대학교 SSK(Social Science Korea) 지역재생연구팀은 2018년 9월부터
교육부(한국연구재단)의 지원으로 한국과 일본의 지역가치 창업과 지역재생
을 연구하고 있습니다.

마키 다이스케 지음 / 윤정구·조희정 옮김

창업의 진화

로컬벤처와 지역재생

더가능연구소
THE POSSIBILITY LAB

목 차

로컬벤처란 무엇인가

이 책을 선택해주셔서 감사합니다. 제가 주로 활동하는 일본 오카야마현(岡山県) 니시아와쿠라촌(西粟倉村, 이하 행정사무소를 지칭할 때 외에는 니시아와쿠라로 표기)에서는 최근 10년 동안 약 30개의 로컬벤처(local venture)가 만들어져 총매출액이 15억 엔 정도 됩니다. 매출 증가는 고용 증대로 이어져 2017년부터는 니시아와쿠라의 인구가 늘기 시작했습니다. 로컬벤처가 모여드는 것입니다.

저는 이 모든 과정을 그 집단의 일원으로 체험했습니다. 그러나 이런 현상이 단지 니시아와쿠라였기 때문에 가능했다고는 생각하지 않습니다. 즉 어떤 지역에서도 '지역에 비즈니스 가능성이 넘친다'는 것을 알리고 싶어서 니시아와쿠라의 체험을 기반으로 이 책을 썼습니다.

2009년까지 (일본에서) 로컬벤처라는 말은 존재하지 않았습니다. 이 말은 '비즈니스를 통해 지역의 가능성을 찾아내는 것은 정말 두근거리고 재미있는 일'이라는 생각으로 제가 만든 말입니다.

지금까지의 저의 시행착오 경험을 바탕으로 로컬벤처라는 말이 만들어지게 된 배경을 되돌아보겠습니다.

저는 2003년 대학 졸업 후 민간 연구소에 근무하게 되었습니다. 사회인이 된 지 5년이 지난 29살 때입니다. 그 계기는 특정비영리활동법인 ETIC(Entrepreneurial Training for Innovative Communities, https://www.etic.or.jp)와의 만남이었습니다. ETIC가 주최한 스타일(STYLE)이라는 소셜벤처(social venture) 사업 공모전 운영에 회사 선배가 관련되어 있었는데, 얼떨결에 소개를 받아 잘 모르는 상태로 공모전에 지원하게 되었습니다.

'임업 중심 조직을 만들어 시골 혁신을 하고 싶다'는 사업계획서로 최종 심사까지 올라갔습니다. 그때 공모전에 참가한 많은 매력적인 도전자들과 만나면서 처음으로 소셜벤처라는 세계를 접하게 되었습니다. 소셜벤처는 사회 공헌과 과제해결 등을 위해 창업한 벤처기업 형태로서 그 창업자들을 (일본에서는) 사회 창업가라고도 부릅니다.

비즈니스를 통해 사회 과제를 해결하겠다는 청년들이 이렇게 많다니….

그 많은 사람과 열기에 압도당해 큰 자극을 받았습니다. 당시 참가자 중에는 캄보디아에서 아동 인신매매 문제를 해결하기 위해 활동하는 특정비영리활동법인 가모노하시(鴨嘴) 프로젝트* 등이 있었습니다. 지금은 유명한 조직이지만 당시에는 활동 초기였습니다.

2003년은 도쿄 록본기힐스가 대대적으로 문을 연 해였습니다. 도요타 자동차 프리우스와 애플 아이팟이 히트한 해라고 말하면 당시의 모습을 연상할 수 있겠지요. 그렇게 모든 새로운 것은 대도시 도쿄에서 시작했습니다.

소셜벤처와 사회 창업가도 마찬가지였습니다. 반면 저는 교토에서 태어나 교토에서 대학을 다녔고 간사이(関西) 지역에서 취업했기 때문에 그런 개념들을 멀게만 느꼈습니다. 그래서 소셜벤처를 접하는 과정에서 참가자들의 순수한 마음과 열심히 도전하는 모습에 무척 매료되었습니다.

'도쿄에는 이런 활동가가 여기저기에 있구나. 모두 정말 열심히 하고 눈부시게 활약하고 있구나'라며 문화 충격을 받았습니다. 이런 생각을 하면서도 소셜벤처라는 감각은 일체 없었지만 한편으로는 이런 생각도 했습니다.

이런 사람들은 도쿄에는 있지만 지역에는 없다.

지역에도 소셜벤처가 있다면 얼마나 재미있을까.

---

*일본어로 가모노하시는 오리너구리이다.
이 단체의 웹사이트는 https://www.kamonohashi-project.net (역주)

당시 저는 20대였습니다. 연구원으로서 주로 지구온난화에 대한 국제회의 실무 지원, 지방자치단체(이하 지자체) 요양보험 사업계획 등 지자체, 임업 관련 제도 설계와 계획 지원 업무를 담당했습니다.

그 과정에서 새로운 도전을 하는 활동가들이 도시에만 집중해 있고 지역에는 많지 않거나 없다는 것을 통감했습니다. 실행할 사람이 누구인지 불분명한 상태에서 지역 활동에 대한 계획서를 만들어야 하는 경우도 종종 있었습니다. 누가 그 계획에 혼을 불어넣어 실현시킬 수 있을지 모르는 상태에서 일이 진행되는 경우도 왕왕 있었다는 의미입니다.

지역에 관한 두꺼운 보고서 등을 작성하며 '이런 보고서로 뭘 할 수 있을까. 정말 지역의 미래에 도움이 될까. 어떤 성과와 가치를 낼까' 하는 허무함과 의문을 가지기도 했습니다. 그렇기 때문에 '지역에 벤처가 있으면 좋겠다. 일이 없으니까 일을 만드는 사람이 있으면 좋겠다. 두꺼운 보고서만 쓰고 있는 것보다 그런 사람이 한 사람이라도 지역에 있는 쪽이 훨씬 의미 있겠지. 조사와 컨설팅 업무를 하는 것보다 스스로 활동가가 되고 싶다. 지역 활동가를 늘리는 일도 하고 싶다'고 생각했습니다.

그럼에도 여전히 로컬벤처라는 개념은 갖고 있지 않았습니다.

니시아와쿠라와의 만남

2005년에 아미타 홀딩스(https://www.amita-hd.co.jp)의 사업기

관인 아미타 지속가능경제연구소를 개설할 때 연구소장으로 이동하게 되었습니다. 당시 저는 싱크탱크(Think Tank)가 아니라 두 탱크(Do Tank)가 되자는 목표를 제시했습니다. 수준 높은 연구력과 전문성을 갖추고 'Do', 즉 실천까지 마무리하는 전문가 집단이 되자는 의미였습니다.

그러나 이 연구소에서도 '지역 활동가 부족 문제'에 직면했습니다. 당연한 일이었지만, 조사·분석하여 제안해도 정작 현장에는 일할 사람이 없었기 때문에 일이 잘 진행되지 않았습니다. 사람과 돈이 실제로 움직이지 않으면 지역은 아무것도 변할 수 없는데, 지역 활동가가 늘지 않으니 사회가 변하지 않았습니다.

위험을 감수하고라도 도전하는 활동가가 나타나지 않으면 과소화*·고령화가 가속화되어 악순환 구조는 변하지 않는 법입니다. 그래서 지역 활동가를 만들 수 있는 방법에 대해 계속 고민했습니다.

그러던 중—이후에 깊게 관여하게 되는—오카야마현 니시아와쿠라를 만나게 되었습니다. 니시아와쿠라는 오카야마현 최북단 동쪽 끝에 있고, 효고현(兵庫県)·돗토리현(鳥取県)과 인접한 지역입니다. 아미타 기업은 지역재생** 매니저***를 파견하여 니시아와쿠라 지역

---

*자주 쓰는 표현은 아니지만 '과소'란 ① 너무 성김 ② 어떤 지역의 인구 등이 너무 적음을 의미한다. 일본에서는 ②의 의미에 더하여 이로부터 파생하는 정치·경제·사회 문제 등을 포괄하는 용어로 '과소화'라는 말을 사용한다. (역주)
**일본에서는 우리나라에서 주로 쓰는 지역재생이라는 말보다는 지방창생이라는 말을 보편적으로 사용하지만 이 책에서는 이해를 돕기 위해 지역재생이라고 포현하였다. (역주)
***지역재생 매니저 제도는 지자체에 3년간 컨설턴트와 전문가를 파견하여 민간의 노하우를 활용하면서 지역을 활성화하려는 목적으로 시행하는 제도이다.

재생에 관여하고 있었습니다. 저는 일의 내용 자체를 자세히 모른 채 전직했습니다.

왜 니시아와쿠라가 지역재생 매니저를 받아들였을까요. 거기에는 중요한 이유가 있었습니다. 2004년 니시아와쿠라는 전국 각지의 과소화와 고령화가 진행되는 과정에서 실시된 국책사업인 시정촌 합병 사업 이른바, '헤이세이(平成)* 대합병'에 반대했습니다.

니시아와쿠라에서는 합병에 대해 찬반양론이 격렬하게 나뉘어, 응답률이 99.76퍼센트였던 주민의식조사에서 합병 찬성 41퍼센트, 합병 반대 58퍼센트, 무효 1퍼센트라는 결과가 나왔습니다. 그 결과를 근거로 니시아와쿠라는 미마사카시(美作市)와의 합병협의회에서 이탈하여 자립의 길을 선택했습니다.

당시 니시아와쿠라 면장**은 '이 마을을 다시 일으키고 싶다'는 모토로 농임업인에서 의회의원을 거쳐 면장이 된 미치우에 마사토시(道上 正壽)였습니다. 미치우에 면장은 '합병하면 행정 합리화를 통해 지방 행정개혁을 도모한다'는 분위기가 압도적이었던 시대에 합병을 과감히 거부한 것입니다.

마을 재정이 형편없는 상황이었기 때문에 지역신문은 니시아와쿠라의 합병 거부 결정에 대해 의문을 제기하였지만 미치우에 면장은 "합병하면 초등학교 통폐합이 이어지고 과소화될 것이 뻔하기 때문

---

*헤이세이는 1989~2019년까지의 시기이다. (역주)
**일본의 행정기관 명칭에 의하면 촌사무소가 맞지만 우리나라에서는 쓰지 않는 표현이기 때문에 행정단위 기준을 비교하여 면사무소, 면장이라고 표기하였다. (역주)

에 절대 합병할 수 없다. 마을의 존속을 절대로 포기하고 싶지 않다"라고 말했습니다.

그렇다 해도 인구 1,700여 명, 고령화율 35퍼센트, 현에서 재정 최하위인 작은 산촌 마을이 합병 거부를 선언한 것입니다. 그렇게 험한 길을 선택했기 때문에 이제는 마을이 독립할 수 있는 사업을 만들어야 하는 과제가 남게 되었습니다.

이런 위기감이 고조되는 상황에서 총무성이 지역재생 매니저 사업을 실시했고, 니시아와쿠라가 이를 받아들인 것입니다. '지역에 도전하는 활동가가 부족하다'고 한탄만 하던 저도 큰 결단을 하고자 했던 시점에 위기에 직면한 작은 산촌 마을 니시아와쿠라를 만나게 된 것입니다.

한편 ETIC도 도시뿐만 아니라 지역으로 활동 영역을 확대하기 시작했습니다. 일본경제산업성도 '도전! 커뮤니티 재생 프로젝트'를 통해 지역에서 새로운 도전을 하는 사람들의 커뮤니티를 육성하는 사업을 시작했습니다. 이 프로젝트는 도쿄의 움직임을 지역에 전파하는 프로젝트로서 지금도 계속되고 있습니다.

그때 '내가 하고 싶은 게 바로 이거다'라는 생각으로 아미타 지속가능경제연구소 소속으로서 이 프로젝트의 일환으로 진행한 공모전에 참여했습니다. 공모전의 목적은 경영자와 창업가형 인재를 육성하여 벤처를 늘리자는 것이었고, 이런 움직임을 지역에도 전파하여 인턴십을 실시하겠다는 것이었습니다.

그러나 이내 이런 시도는 장애물에 직면했습니다. 원래 과소화되어 있던 침체된 산촌들이 인턴 자체를 받으려 하지 않았고, 그곳으로 인턴을 보내려는 기업도 나타나지 않은 것입니다.

지역에 벤처가 만들어지다

그때 2006년에 니시아와쿠라에서 벌목 나무로 보육 가구·장난 감을 만드는 나무공방인 목쿤(木薫, https://www.mokkun.co.jp)이라는 벤처기업이 탄생했습니다. 저는 '드디어 생겼구나' 하고 흥분했습니다. 2003년부터 꿈꾸던 일이 드디어 실현되는 것 같은 기분을 느꼈습니다. (목쿤에 대해서는 제3장에서 자세히 소개)

목쿤 설립을 계기로 니시아와쿠라에 새로운 움직임이 나타나기 시작했습니다. 인턴과 직원, I턴, U턴 하는 이주자들도 생겼고, 마을도 창업자를 받아들이자는 분위기로 전환된 것입니다. '목쿤의 도전을 가속화하자. 이 도전을 계기로 새로운 도전을 만드는 일은 곧 지역의 미래로 연결될 것이다. 따라서 도전자를 발굴하고 육성하는 일에 투자하는 것이 중요하다'고 생각한 면사무소는 2007년에 마을을 하나의 회사처럼 설정하고 마을 인사부(人事部)라는 콘셉트로 니시아와쿠라 고용대책협의회(이하 협의회)를 설립했습니다. 저는 협의회 설립에 기획부터 참여하여 면사무소 담당자와 함께 후생성에 가서 발표하고 지원금도 받게 되었습니다.

마을 인사부는 인재를 채용하고 육성하는 한편 기업을 지원하고 신사업을 촉진하는 인턴십을 활성화하기 위한 조직이었습니다. 그러나 지연·혈연을 중시해 온 지역이었기에 의욕과 능력을 갖춘 인재를 지역 밖에서 데려온다는 발상 자체를 쉽게 이해해주지 않았습니다.

많은 비판에도 불구하고 면사무소 담당자는 신념을 갖고 추진하여 면사무소가 빈집을 이주자에게 중개하는 정책을 만들었습니다. 약 70채 정도의 빈집 소유자를 모두 교섭하여 이주자를 위한 주택을 확보한 것입니다.

협의회 정책을 계기로 많은 회사가 니시아와쿠라에 오게 되었습니다. 사실 저도 그중 한 사람입니다. 니시아와쿠라에서 가능성을 느껴 2009년에 니시아와쿠라 숲학교를 만들었습니다. (이하 숲학교, 이 회사에 대해서는 제2, 3장에서 자세히 소개)

자신만의 관점으로 지역의 보물을 발견하여 지역 사업을 일으킨다, 창업자들이 늘어나 서로 관계를 맺으면서 지역경제를 살린다는 식의 움직임이 시작된 것입니다.

그래, 소셜벤처가 아니고 로컬벤처다. 로컬도 벤처가 필요하다
고 알리자.

이런 생각으로 그때부터 로컬벤처라는 말을 쓰기 시작했습니다.

2014년 숲학교 운영이 흑자로 전환될 무렵부터 새로운 분위기가 형성되는 것을 느꼈습니다. 그때까지 지역에서는 "매출과 고용 창출이 정말로 가능해?"라는 의구심 어린 시선이 있었지만 이제는 "로컬

벤처도 가능하네"라는 분위기로 바뀌고 있다는 것을 느낀 것입니다. 그 배경에는 2011년 동일본대지진으로 인해 전개된 사회 변화도 영향을 미쳤습니다.

2015년, 또 하나의 회사 에이제로(A0, https://www.a-zero.co.jp, 당시 회사명은 숲학교 홀딩스)를 설립했습니다. 그리고 이 책에 소개하는 여러 사업을 시작한 그해에 전국 각 지역의 활동가를 소개하는 잡지 《소토코토》(https://sotokoto-online.jp)에서 로컬벤처에 대한 특집을 기획했습니다.

《소토코토》는 "로컬벤처란 자신만의 관점으로 숨겨진 지역의 보물을 잘 발견하여 일거리를 만드는 것"이라고 소개했습니다. 소셜 벤처에서 로컬벤처로의 흐름을 알리기 위한 특집이었습니다.

그 특집에 '로컬벤처 발상지 오카야마현 니시아와쿠라에서 일어난 일'이라는 제목으로 제가 있던 지역이 소개되었고 표지에는 사무실인 폐교를 배경으로 서 있는 우리들의 사진이 게재되었습니다. 그후 지역재생의 흐름 속에서 확산된 것이 이 책의 제목이 된 '로컬벤처'라는 용어입니다. 2018년까지 니시아와쿠라에 약 30개의 로컬벤처가 생겼습니다. 전국 각지에도 로컬벤처가 탄생하고 있습니다.

2016년 9월 로컬벤처를 통해 지역 발전을 도모하자는 니시아와쿠라와 ETIC의 제안으로 새로운 지역경제를 형성할 수 있는 로컬벤처를 육성하기 위해 전국 지자체들이 로컬벤처추진협의회(https://initiative.localventures.jp)를 만들었습니다.

현재 로컬벤처추진협의회에는 홋카이도 시모카와정(下川町), 이와

테현 가마이시시(岩手県 釜石市), 미야기현 게센누마시(宮城県 気仙沼市), 미야기현 이시노마키시(石巻市), 이시카와현 나나오시(石川県七尾市), 오카야마현 니시아와쿠라촌, 시마네현 운난시(島根県 雲南市), 도쿠시마현 가미카쓰정(徳島県 上勝町), 미야기현 니치난시(日南市) 등 10개 지자체가 참여하고 있습니다. 협의회는 이후 5년, 10년 동안 추진할 수 있는 로컬벤처 육성 프로그램을 개발하고 있습니다.

2017년 봄부터 ETIC와 로컬벤처추진협의회는 지역 자원을 활용한 사업 만들기를 배우는 장소로서 로컬벤처랩(local venture lab)을 운영하기 시작했습니다. 이 랩에서는 선진적 방식을 실천하는 활동가 등이 멘토가 되어 참가자들과 함께 창업 아이디어의 배경과 지역 과제의 본질을 파악하고, 그 해결을 위한 계획을 수립합니다. 에이제로에서는 저와 사업개발 매니저인 하나야 마사타카(花屋 雅貴)가 멘토, 퍼실리테이터(facilitator)로 참여하고 있습니다.

유년 시절의 숲 체험

제가 지역에 집착하는 이유에 대해 궁금한 분이 있을지 모르겠습니다. 저는 어릴 때부터 자연을, 특히 낚시를 좋아했습니다. 매해 한 번씩 도야마(富山)에 있는 할아버지 댁에 가면 매일 낚시만 하는 소년이었습니다. 거기에는 평소에 볼 수 없던 바다, 강, 숲도 있어서 방문하는 것이 언제나 즐거웠습니다.

그런 경험 때문에 자연과 숲에 대한 관심이 깊어져 교토대학 농학부 임학과에 진학했습니다. 낯가림이 심했기 때문에 (사람보다) 자연을 연구하는 삼림생태학을 전공했습니다. 학창 시절에는 교토대학의 아시우(芦生) 연수림에 다녔습니다.

아시우 연수림은 약 4,200헥타르의 대규모인데, 그 절반은 사람의 손이 닿지 않은 천연림으로서 일본 유수의 삼림입니다. 일부 원시림에는 고유의 희귀식물이 자생하고 있는데, 이 귀중한 숲은 현재에도 교토대학이 관리하고 있습니다.

원래 간사이전력이 연수림에 양수발전소를 만들기 위해 숲을 수몰시키려고 했지만 선배들, 생태학자, 인류학자, 사람과 자연을 연구하는 연구자, 대학원생 등이 지역 주민과 함께 숲 수몰 반대운동을 했습니다. 이 운동을 계기로 사회운동뿐만 아니라 지역에 대한 탐구, 산촌의 미래에 대해 공부하자고 모여 아시우 세미나라는 자체 모임도 만들었습니다. 저도 이 세미나에 참여했습니다.

청춘 시절의 대부분을 이 세미나에서 보냈습니다. 18살부터 대학원 시절까지 6년간 그리고 취직한 이후에도 가끔 갔으니 50~60번은 참가한 것 같습니다. 눈 쌓인 숲에서 겨울을 느끼는 등 아시우 연수림에서 사계절을 체험했습니다. 산에 대한 기본적인 감각은 모두 이 시절에 느낀 것입니다.

자연으로서의 숲이라는 존재에 흥미를 갖게 되어 시작한 것이었지만 멋진 숲을 품고 있는 지역에 흠뻑 빠져버린 것입니다. 이 지역 장아찌 공장이나 표고버섯과 팽이버섯 현장에서 아르바이트 등을 하면서 외부 손님에게 숲을 설명하고 안내하는 원시림 산책투어 에코투어리즘 프로그램에서 자원봉사도 했습니다. 지역에 관심 있는 사람에게 지역 정보를 알리는 계간지《아시우 통신》제작 과정에도 참여했습니다.

특히 지역 노인의 이야기를 듣고 정리하여 그 지역의 역사와 배경 등을 이해하는 '증언 체험 남기기'를 하는 선배 일을 도와주러 가는 것이 즐거웠습니다. 그 사람의 생애를 진지하게 들으며 자연환경과 사회·경제 변화 과정을 이해하는 것이 정말 재미있었습니다. 그런 지식이 축적되면 지역이 제대로 보이기 때문입니다.

지역사회, 경제, 숲과 주변 자연환경 변화에 대해 알게 되면서 지역 전체를 보고 이해하는 사고방식과 방법을 배웠습니다. 그곳에 사는 사람이 있고 멋진 숲과 지역, 생활이 있다. 사람과 자연의 연대와 접점도 있다. '그래, 지역은 이렇게 통합적으로 이루어지는 것이구나' 하는 느낌에 점점 빠져들었습니다. 그렇게 경험을 쌓는 과정에서 지역을 지키고 지속시킬 수 있는 방법에 대해 고민하기 시작했습니다.

아시우 연구소에 여러 분야의 생태학자와 인류학, 사회학, 민속학 등의 전문가들이 찾아와 함께 숲을 방문하고 지역 이야기를 하고 취재를 하기도 했습니다. 숲 전체의 물질순환 등 전체적인 큰 구조를 잘 아는 선배 전문가는 '이 나무의 꽃가루를 어떤 벌이 어떻게 옮기는지, 어떤 식물과 곤충이 소통하는지' 등에 대해 자세히 설명해주었습니다. 저는 숲과 사람, 사람과 자연이라는 주제에 대해 여러 가지 관점에서 생각하며, 그 모든 과정에 흠뻑 빠져들었습니다. 실제 현장을 체험하면서 지식을 얻는 환경 그 자체가 제게 큰 자극이 된 것입니다.

한편으로는 저와 선배들의 연구 열정과 지식 흡수 능력의 격차를 통감했습니다. 정말 좋은 공부를 했다고 생각하지만, 그 내용에 감탄하는 것과 동시에 그들과 같은 공간에서 연구할 능력은 없으니 나는 연구자로서는 적합하지 않다고 실감한 것입니다.

그래서 대학에 남아 박사과정을 하지 않고 사회에서 정책과 사업을 하려고 민간연구소에 취직했습니다. 제가 있던 대학 연구실은 거의 모두가 연구자와 학자를 목표로 했기 때문에 그 가운데 저는 민간기업에 취직한 희귀한 존재가 되었습니다. 강과 숲에서 지낸 유년과 청년 시절을 거쳐 로컬벤처라는 말과 만난 나. 나의 벤처 스토리는 이렇게 시작합니다.

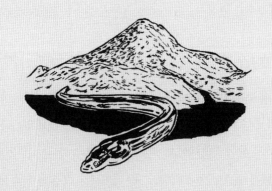

제1장

숲에서 시작된
경제순환

100년의 숲 계획

결과적으로, 당시에 합병하지 않겠다고 결단한 것은 틀리지 않았습니다. 헤이세이 대합병으로부터 10년 이상 지났지만 전국의 지역 상황은 전혀 나아지지 않았기 때문입니다. (미치우에 면장)

미치우에 면장이 2008년에 "숲이라는 지역 자원을 사용하여 작은 경제와 고용을 만들자"라며 모두 의지할 수 있는 거처 만들기를 기치로 제시한 것이 숲 만들기 비전인 '100년의 숲 계획'입니다.

협의회가 마을 인사부 기능을 담당하기 위해서는 마을의 이념을 외부에 알릴 필요도 있었습니다. 이 계획에는 다음과 같은 이념이 들어 있습니다.

약 50년 전에 우리 조상들이 후손을 위해 나무를 심고 길러온 숲. 그 마음을 소중히 여겨 관리를 포기하지 않고 마을 전체가 앞으로 50년 더 열심히 해보자. 50년 후의 후손에게 지속가능한 형태로 숲을 물려주고 멋지고 아름다운 100년 된 숲에 둘러싸인 풍요로운 마을을 실현하자.

50년 후의 숲의 경제적 가치를 쉽게 예측하기는 어렵습니다. 그러나 이 계획은 판매시장보다 지역이라는 가치를 중심으로 한 계획입니다. 합병을 거부하고 100년의 숲 계획을 제시하여 50년 후의 미래도 포기하지 않겠다는 의지를 표명한 것입니다.

마을 전체가 100년 된 나무로 이루어진 숲에 둘러싸여 있는 풍요로운 자연환경을 상상하며 구상한 것입니다. 100년 된 멋진 나무가 있다면 무슨 일이 있을 때에는 그 나무가 돈이 될 수도 있습니다.

100년의 숲 계획은 목재에 부가가치를 붙여 전국에 지역산 나무를 유통하는 것을 의미합니다. 그중 하나가 삼림 집약화 사업입니다. 마을이 삼림을 효율적으로 관리하며 무차별한 벌목 등을 방지하자는 것입니다. 면사무소가 삼림을 자력으로 관리하기 힘든 소유자와 장기관리계약을 체결하여 그것을 대신 관리함으로써 삼림관리의 합리화를 꾀하는 것입니다.

미치우에 씨는 면장이 되기 전부터 임업에 종사했기 때문에 삼림을 마을이 관리하여 후손에게 전해주고 싶다고 늘 생각해왔습니다. 적절한 수준으로만 벌목하면 숲이 건강해지고, 숲을 소유하고 있지만 관리하지 못하는 사람에게도 도움이 됩니다.

그렇다고 해도 소유자가 자신의 숲에 대한 관리를 마을에 맡기는 것은 큰 결단입니다. 1,300명 정도의 소유자와 직접 교섭해야 하는 과정도 매우 힘든 일입니다. 면사무소는 계획을 잘 전달하기 위해 지구별로 50여 회 설명회를 개최하고 충분한 시간을 두고 동의를 받았습니다.

이렇게 하여 100년의 숲 계획 사업이 시작되었습니다. 계획을 실현하기 위해 실제로 벌목하고 삼림재생을 해나갔습니다. 778명의 삼림 소유자와 계약하여 마을 소유림 중에 1,457헥타르를 관리하게 되었습니다. (2017년 3월 말 기준)

사유림의 계약 목표 면적은 약 3,000헥타르였지만 점차적으로 그 면적을 넓혀가고 있습니다. 마을의 (목재 가공을 포함한) 임업 관련 매출 목표는 사업 시작 당시인 2008년에는 약 1억 엔이었지만 현재 8억 엔에 이릅니다.

마을에서 나무공방 목쿤 창업이라는 도전이 생겨난 것도 이 사업과 관련이 있습니다. 협의회를 만들어 100년의 숲 계획을 세웠는데 이런 시도가 창업으로 이어지는 연쇄반응이 나타난 것입니다.

100년의 숲 계획과 동시에 삼림관리를 위해 고성능 임업기계 구입 자금이 필요했습니다. 면사무소는 금융기관에서 좋은 금리로 융자받을 수 있었지만 그렇게 되면 마을의 빚이 느는 것이 되기 때문에 외부 회사인 토비무시의 지원으로 국내 최초 삼림·임업지원사업펀드 '공유 숲 펀드'를 조성했습니다. 익명투자조합을 만들어 개인 출자금을 모아서 고성능 임업기계를 구입하고 그것을 삼림조합에 빌려주어 대여 비용 소득을 출자자에게 배당하는 방식으로 운영했습니다.

계획을 찬성하고 응원하는 사람들로부터 1구좌에 5,000엔이라는 소액구좌를 모집하였는데 무려 400명 이상이 참여하였습니다. 이 참여자들을 대상으로 마을 투어 등을 개최하며 교류하였습니다. 그렇게 이전과 다른 방식의 경제 만들기와 지역 응원단 만들기에 도전한 결과, 그 과정에서 모인 사람들이 큰 힘이 되었습니다.

숲학교

후생노동성 지원금은 3년짜리였습니다. 그러나 3년 만에 끝날 일이 아니라고 생각한 저는 민간사업으로 연결하여 자립할 방법을 궁리했습니다. 그러다가 차라리 내가 만들면 되겠다고 생각하여 2009년에 협의회 후속 조직으로 숲학교를 설립했습니다. 이 학교에서 숲과 나무에서 가치를 창조하는 사람을 육성하고, 100년의 숲 계획에 따른 목재 가공과 유통을 담당하는 통합상사 기능도 겸하고자 했습니다.

그 모든 과정에 미치우에 면장이 결정적으로 기여했습니다. "마을 삼림은 면사무소가 중심으로 맡고 숲학교는 가공·유통 등 대외적인 일을 담당하며 나무의 가치를 높여 판매하자. 그리고 삼림조합에는 현장의 일을 전적으로 맡기자"라며 역할을 분담했습니다.

그런 미치우에 면장의 리더십으로 삼림재생에 대한 집중투자가 이루어져 고용을 창출할 수 있었고, 그것이 인구 유치로 이어지는 선순환구조를 형성하게 되었습니다. 그러나 이 정도에만 머무른다면 이제까지의 경제구조를 유지하는 정도에 불과할 뿐이고 본질적인 지역문제 해결에는 별로 기여하지 못한다는 것을 의미합니다.

저는 창업하면서 숲을 주제로 해서 숲과 나무에서 가치를 만들고 싶었습니다. 가치를 창출하고 그 과정에서 형성된 대책으로 지역경제를 유지하고 싶었습니다. 숲학교는 그 일부를 지원하기 위한 회사이며 마을 전체의 가치 창출로 이어지기 위한 징검다리 역할을 담당해야 한다고 생각했습니다.

창업했지만 시장이 형성되어 있는 상태는 아니었기 때문에 마을 방문객과 응원단, 즉 숲과 나무를 접하고 이해해주고 지역을 알고 방문하는 사람들도 늘리자고 생각했습니다. 그런 생각을 거듭한 끝에 니시아와쿠라 숲학교라고 회사명을 지은 것입니다. 이 회사의 목표는 지역 스스로 마케팅 기능을 보유하여 대기업의 하청에서 벗어나는 것이었습니다.

사실은 거의 모두 초보 상태에서 시작한 회사였기 때문에 목재를 다루는 전문가들에게 신속하게 대응하기는 어려웠습니다. 그리고 쇠퇴하는 목재 가공 업계에 새로 진입한 것이기 때문에 '전쟁과 같은 경쟁을 피할 수 있는 새로운 시장을 개척하자'는 것을 목표로 정했습니다.

일반적으로 벌목한 나무는 통나무로 원목 시장에 내놓습니다. 그러나 운반 비용이 들고 별로 비싸게 팔리지도 않습니다. 4미터짜리 삼나무 한 그루는 고작 3,000엔으로 순이익은 불과 500엔 남짓에 불과합니다.

이런 상황에서 손님을 기다릴 바에야 차라리 상품을 생산하자고 생각하여 마을에 제재공장, 가공장, 소매업장을 만들어 벌목재를 활용한 상품을 개발했습니다.

이를 계기로 도시의 하청 업체가 아니라 스스로 마케팅하고 자립하는 마을이 되자는 목표를 세웠습니다. 벌목부터 제재, 상품 개발, 제조, 판매까지, 즉 숲으로부터 고객에 이르는 모든 과정의 가치사슬(value chain)을 만들면서 차분히 진행했습니다. 그 과정에서 가능성을 발견하였고 그 가능성을 내 눈 앞에 구현하는 일을 매일 해왔습니다. 지역, 사람, 나무의 가능성을 믿었습니다.

썩거나 흠집 있는 판자는 길이를 짧게 하면 쓸 수 있는 부분이 나옵니다. 거기에 착안하여 2011년부터 '마루 깔기 시리즈(유카하리 시리즈)' 상품을 만들었습니다. 임대아파트와 맨션에서는 이사할 때 원상복구를 해주고 나가야 하는데 그때 마루 시공 작업을 힘들어하는 사람들을 대상으로 스스로 시공할 수 있는 DIY(Do It Yourself) 세트 제품을 제작하여 판매했습니다. 이 상품은 타일 카펫의 대체품으로서 사무실과 점포 등 대규모 공간에서도 쓸 수 있기 때문에 연간 50,000매 정도를 생산할 수 있었습니다.

제품 판매가 확대되면서 벌목재를 많이 사용하게 되었습니다. 공간 크기에 맞춰 삼나무와 편백나무 등으로 만든 마루 재료를 별도의 도구 없이 깔 수 있게끔 제작했습니다. 그냥 깔기만 하면 되고 접착제와 못으로만 고정해도 되고 목수에게 부탁하면 틈새 없이 잘 시공해줍니다.

이 시리즈에는 정방형의 '마루 깔기 타일', 얇고 긴 형태의 '마루 깔기 오늬무늬', 뒷면에 고무를 부착한 '마루 깔기 플로링 지카바리' 등의 제품이 있습니다. 온라인 숍에서는 소비자가 제품이 필요한 방의 가로와 세로 길이를 입력하면 필요한 '마루 깔기 타일' 수량을 자동으로 계산할 수 있도록 했습니다.

현재 64개 품종의 상품을 판매하고 있는데 지역 임업을 지원하기 위해 소량 다품종 목재 가공 모델을 만들어 목재 가치를 최대한 살리는 것이 목표입니다.

이렇게 소개하고 보니 순조롭게 운영한 것처럼 보이지만 창업부터 시행착오의 연속이었습니다. 작업 내용으로나 경제적으로도 결코 순조롭지 않았습니다. (더 자세한 숲학교 이야기는 제3장에서 직원 두 명의 인터뷰로 소개)

공장을 세운 지 2년째인 2012년에는 부도 위기까지 있었습니다. '마루 깔기 시리즈'가 시작된 다음 해에 설비, 재고, 인건비 등으로 매월 1,000만 엔 정도의 현금이 지출되어 그해에만 8,400만 엔의 적자가 났기 때문이었습니다.

정말 망할 것 같았는데 그래도 망하지 않은 것은 현장에서 분발한 직원들과 자금을 제공하면서 응원해준 분들 덕입니다. 그 덕에 저도 포기하지 않고 동료들과 함께 더욱 노력했습니다. '많은 사람의 지원으로 만든 이 회사를 살리겠다'는 생각으로 필사적으로 버텼습니다. 저는 자금조달을 위해 뛰어다녔고 현장에서는 직원들이 땀 흘렸습니다. 그런 시간이 한동안 이어졌습니다.

지금은 직원이 28명인데 그 가운데 남성이 10명, 여성이 18명입니다. 지역 아주머니 열 분 정도가 시간제로 일하고 있습니다(2018년 4월 기준). 지역 아주머니들이 일하기 쉽고 융통성 있는 직장 환경도 제공했습니다.

가정사에 맞춰 자유롭게 쉴 수 있는 작업을 배당하였고 일하는 시간도 유연하게 조정했습니다. '육아에서 벗어났으므로 조금 더 일하고 싶다'고 하는 사람은 계약직, '착실하게 일을 하고 싶다'고 하는 사람은 정규직으로 상황에 맞춰 근무 형태를 선택하게 했고, 이 지역 치고는 높은 수준인 시급 870엔 정도를 지불했습니다.

계약직 직원은 목재 제품의 초벌 가공, 검품, 포장, 조립 등을 담당합니다. 무거운 목재도 있지만 힘들이지 않고 이동할 수 있는 장치를 만들고 기계화하여 여성도 옮기기 쉽도록 제작했습니다. 비록 정규직 직원과 비교하면 낮은 임금이지만 아주머니들은 돈을 벌어 이익이 생겼고, 정해진 시간 내에 착실하게 일해주시기 때문에 회사로서는 생산원가를 낮출 수 있었습니다.

에이제로

창업할 때 여러 가지를 계획했음에도 불구하고 실제로 숲학교 경영을 시작하자 목재 가공 쪽을 중심으로 지역재생을 위한 '인재를 양성하는 것'은 매우 어려웠습니다. 목재 가공 공장에서 제품을 만들고 판매하는 일이 주력 업무가 되어버렸기 때문입니다.

다시금 로컬벤처라는 목표에 좀 더 집중하고 싶어서 2015년에 설립한 것이 에이제로라는 두 번째 회사입니다. 협의회에서 시작된 로컬벤처에 관한 활동을 이 회사로 이어가자고 생각했습니다.

회사 이름은 삼림 토양의 퇴적유기물층을 의미하는 에이제로층에서 가져왔습니다. 이 층은 토양의 제일 위에 있는 지표의 얇은 층으로서 낙엽 등의 식물과 생물 유기물이 퇴적되어 만들어진 것입니다. 나무의 영양분이 되며 비로부터 땅을 지키는 중요한 층이기도 합니다. 눈에 보이지 않지만 풍부한 숲을 유지하려면 꼭 필요한 층입니다. 에이제로 회사도 그렇게 지역에서 필수적인 존재가 되어 다양한 가치를 창출하는 토양이 되고 싶다는 바람을 반영한 것입니다.

니시아와쿠라의 와카스기 원생림(若杉 原生林)에는 너도밤나무와 물참나무 등의 고목과 거목을 비롯하여 199종의 나무와 식물이 혹독한 생존경쟁 속에서 자라고 있습니다. 어린 작은 나무가 있는가 하면 수백 년을 생존해 온 위엄 있는 고목도 있습니다. 지역사회를 중심으로 생각해보면 숲은 정말로 좋은 교본인 셈입니다.

와카스기 원생림처럼 항상 새로운 생명이 태어나고 동시에 죽어 가는 생명도 있어 전체적으로는 거의 일정한 상태를 유지하는 성숙한 상태를 동적 평형(dynamic equilibrium)상태라고 부릅니다. 그런 숲처럼 지역도 풍부한 다양성을 갖춘 매력 있는 곳이 되면 좋겠습니다. 여러 악순환으로 지역이 위축되는 상황이지만 선순환으로 옮겨가는 과정이 이어지면서 언젠가는 동적 평형 상태에 이를 것이라고 기대합니다.

자연자본을 살리다

에이제로에는 총 28명의 직원이 있습니다. 그중에 약 20명은 마을과 그 근처에 살고 그 이외는 도쿄 등 먼 곳에 거주합니다.

에이제로는 크게 4개 사업을 진행합니다. 그 하나가 자연자본(Natural capital) 사업입니다. 자연자본은 삼림, 산, 토양, 바다, 강, 대기, 생물 등입니다. 현대사회에서는 화폐자본이 필수지만 동시에 자연자본도 매우 중요합니다. 이 사업팀에는 주로 자연과 생물을 정말 좋아하는 사람들이 모여 있습니다.

예를 들어 나가사키현(長崎県) 수족관에서 12년 반 동안 근무하다가 생물 사육 외에 고객에게 그 재미를 전달하는 패널 제작 업무를 하던 오사다 노부히토(長田 信人), 도요타 자동차에서 14년 동안 환경엔지니어로서 전 세계 관련 공장의 온난화, 물, 생물다양성 전략을 추진해온 오카노 유타카(岡野 豊), 환경 컨설턴트로서 자연환경 조사와 환경영향평가 업무를 한 후 2,000킬로미터를 나는 왕나비 사육키트를 개발하여 판매하던 미치하타 게타로(道端 慶太郎) 등이 그런 사람들입니다.

사실 처음부터 마음속으로 이미 그들과 시작할 일을 정해놓고 있었습니다. 그것은 자연자본 본래의 힘을 끌어내 가치를 창조하는 일입니다. 예를 들면 숲을 알맞게 벌목하고 건전한 상태로 만들면 양질의 물과 생물다양성 등의 가치를 조성할 수 있습니다. 여러 가지가 연쇄하여 순환하면서 자연자본의 가치가 높아지는 것입니다.

지역 임업은 숲학교 사업을 통해 어느 정도 정상궤도에 올랐지만 신경 쓰이는 일이 있었습니다. 그것은 일본의 농업, 임업, 수산업의 수직적 관계입니다. 업계를 중심으로 수직적으로만 구분하기 때문에 농업은 농협, 임업은 삼림조합, 수산업은 수협이라는 식으로 구성되어 있고 이러한 종적 관계의 말단에 지역이 있는 것이 큰 문제라고 느꼈습니다.

그러나 지역에서는 본래 각자 가지고 있는 것들이 수평적으로 연결되어 존재합니다. 자연자본은 관계를 형성하는 방식으로 맞춰져 있기 때문에 수직적으로 뚝 잘라 갈라놓을 수는 없는 것입니다. 그런 수직적 관계 구조의 문제에 대해 학창 시절부터 고민했습니다. 수직적이건 수평적이건 하나의 생태계로 지역을 구성할 수 없을까. 산에 사는 사람은 산만 생각하고 농가는 농업만 생각하는 것이 당연한 것이겠지만 너무 부분최적화만 강조하는 것은 아닌가 하는 생각이었습니다.

산골에서는 여러 가지가 순환하여 관계를 이룹니다. 대학원 시절에 산골의 성립 과정, 산골과 취락에 존재하고 있는 기존의 순환 시스템, 인간도 생태계 일원으로서 기능했던 때에는 어떤 생태계였는가에 대해 연구했습니다.

제가 다니던 예전 구쓰키촌[朽木村, 현 다카시마시 구쓰키지구(高島市 朽木地区)] 하리하타(針畑)지구는 산속 깊이 있는 구쓰키 지역에서도 더 깊은 산속에 있습니다. 여기에서는 벼농사 기반의 농업을 하고 벼베기 후의 시기에는 임업을 합니다. 산에서 나무 베는 일과 숯과 장작 만드는 일을 모두 하는 것입니다. 또한 산에서 베어온 풀을 소에게 먹이고 똥과 오줌을 섞어 논에 비료로 써왔습니다.

산에서 나온 것이 소를 통해서 논에 들어가는 것이니 논과 산이 연결되어 있습니다. 그 생태계 속에 논과 강은 물리적으로 연결되어 논물에는 미꾸라지와 장어가 살고 있습니다. 혼연일체가 되어 다양한 가치가 발생하는 상태입니다. 그런 시대의 일을 전해들은 터라 '전체가 연결되어 순환하고 공간 전체에서 다양한 풍요로움을 끌어내는 일이 왜 불가능해졌을까'라는 의문으로 산을 바라보곤 했습니다.

그러다 보니 숲학교를 운영하면서도 '지역 전체에 다양한 가치가 잠들어 있는데 목재와 목재 제품을 파는 것만 좋은 것인가. 농업·임업·수산업이라는 수식석 틀을 넘어서 자연자본으로서의 가치를 제대로 연결하면 좋겠다'는 생각을 강하게 했습니다. 목재 가공은 임업과 깊은 관계가 있고 임업은 숲을 기점으로 물질순환이 일어납니다. 그러나 숲을 키우는 것 자체만 해도 엄청나게 긴 시간이 필요합니다.

지역경제 관점에서 본다면 옛날에는 임업으로만 경제가 성립된 것은 아닙니다. 예를 들어 어업으로 벌어들인 이익을 임업에 투자한 지역도 있습니다. 어딘가에서 돈을 벌고 그렇게 번 돈의 초기 운용처로 삼림이 존재하게 된 것입니다. 좋은 산을 가지고 있으면 무슨 일이 생겼을 때 나무를 베어 돈을 만들 수 있습니다. 숲은 가치가 축적되는 저량(stock)으로서의 특징이 강한 자산인 것입니다.

전후(戰後)에 목재 경기가 좋았던 시대처럼 당시의 영광을 또 한 번 재현하겠다는 산 주인도 있지만 유감스럽게도 이제 그런 일은 일어나지 않습니다. 지역경제의 관리 차원에서 보면 초기 안전성이 높은 운용 자금을 보유한 숲을 보전하는 것도 중요하지만 단기 수익을 창출할 수 있는 사업 역시 중요합니다. 약 1년 단위의 단기 회복률로 확실한 수익을 내는 사업이 있다면 그 자금을 다시 산에 투자할 수 있습니다.

지역에서 많은 가치가 생기는 일을 하고 싶다. 수직적으로 단절되어 있는 사회구조에 수평적으로 꼬챙이를 관통시키는 것처럼 농업, 임업, 수산업도 수평적으로 연결하여 순환시키고 싶다. 지역 순환이 커지면 지역경제 자립도도 높아진다. 시골에서도 자립도 높은 경제가 순환한다면 사람이 살아가는 데 정말 중요한 기반이 될 것이다.

이러한 저의 생각을 어떤 할아버지에게 이야기하였고 다음과 같은 말을 듣게 되었습니다.

수렵인 할아버지의 말씀

지금부터 십수년 전의 일입니다. 아미타 지속가능경제연구소 소장을 하면서 어떻게 하면 경제적으로 자립할 수 있는 지역을 만들까 하고 고민할 때 시만토 강(四万十川)에서 활동하는 당시 아흔 살의 수렵인에게 이런 말을 들었습니다. 그는 시만토 강과 함께 살아온 분이었습니다.

내가 어렸을 때에는 수달 가족과 인간의 아이들이 같이 강에서 헤엄치며 놀았지. 전쟁 중에는 쌀이 떨어져 배고픈 적도 있었지만 그래도 은어와 장어가 얼마든지 있었어. 지금의 시만토 강에는 그때와 같은 풍요로움이 없어. 은어도 장어도 싹 줄어들어 버렸지. 정말 슬퍼. 나는 이제 그 풍경을 볼 수 없어. 이제 슬슬 저승으로 가야 하니까. 그렇지만 자네는 아직 젊으니까 볼 수 있을지도 몰라. 몇십 년이 지나 자연과 강이 옛날처럼 풍요로움을 되찾은 모습을 볼 수 있을지도 몰라. 부디 그런 모습을 모두가 볼 수 있게 힘써 주길 바라. 자네에게는 아직 시간이 있으니까.

그 할아버지의 "자네는 볼 수 있을지도 몰라"라는 말에 큰 희망과 에너지를 느꼈습니다. 지금도 그 말씀을 종종 떠올립니다. 저는 할

아버지의 말을 떠올리며 임업 다음 단계로 수산업을 추진했습니다.

학창 시절부터 풍요로운 자연을 복구하는 방법을 고민했었는데 그 답은 '자연의 풍요로움을 되돌리는 활동을 사업에 연결해야 한다. 그러나 그런 도전을 하는 사람이 너무 없다'는 것이었습니다. 오랜 시간이 걸리는 도전일 수 있지만 우선 그 꿈을 에이제로를 통해 실현해보자고 도전한 것입니다.

바다 없는 마을에서 숲 장어 양식

우선 장어 양식부터 시작했습니다. 농담이 아닙니다. 진심입니다. "왜 하필 장어야?!"라면서 주변에서는 적잖이 놀랐습니다. 바다 없는 마을에서 경험이 전무한 사업에 진출하려는 것은 무리일 수 있었지만 굳게 결심하고 일단 시작했습니다.

장어를 키우려면 25~30도의 따뜻한 물이 필요합니다. 그 수온을 유지하기 위한 연료로 숲학교 공장에서 버려지는 나뭇조각을 활용하면 되겠다고 생각한 것이 장어 양식을 시작하게 된 계기였습니다. 임업과 수산업을 연결한 것입니다.

장어는 강에 서식하는 피라미와 수생곤충 등을 먹는 육식동물입니다. 잘 알지 못했지만 자연계의 물속 먹이사슬에서는 정점에 있는 존재입니다. 즉 많은 장어가 서식하는 강은 먹잇감이 풍부한 강입니다.

강이 그 상태를 유지하기 위해서는 풍부한 숲이 꼭 필요합니다. '장어가 잡힐 정도로 서식하고 있는지'가 강과 숲의 풍요로움을 평

창업의 진화

가하는 척도라 해도 과언이 아닙니다. 장어는 생태계와 자연에서 정말 중요한 존재입니다.

장어 양식이라면 장어를 산란·부화시켜 키우는 완전 양식법을 생각하는 사람이 많을지도 모르겠습니다. 그러나 장어 양식에서 산란·부화 기술 연구는 불가능하고 완전 양식도 이루어지지 않고 있습니다. 따라서 보통의 양식 방법은 우선 천연 치어를 키우는 것입니다.

세계에는 18종의 장어가 있습니다. 일본에서 유통되는 장어는 일본 장어, 인도네시아 장어, 유럽 장어 등의 품종입니다. 일본 장어는 일본에서 2,000킬로미터 이상 떨어진 태평양 마리아나 해역에서 산란합니다.

작디작은 장어 자어(仔魚, 물고기 유생)가 태평양을 회유하여 치어가 되고 동아시아 근해를 거쳐 일본과 한국으로 와서 가고시마(鹿児島), 미야자키(宮崎), 시즈오카(静岡) 등의 강을 거슬러 오르는 것입니다. 철새의 이동에 견줄 만한 대단한 여정입니다. 우리가 먹는 장어는 대개 그런 긴 여정을 거쳐 식탁에 오릅니다.

뉴스에도 많이 나왔지만 이 일본 장어는 2014년 국제자연보호연합에 의해 멸종위기종으로 지정되었습니다. 개체수 감소 원인의 하나는 남획입니다. 이런 열악한 상황에서 군이 장어 양식을 시도한 이유는 인간의 활동으로 생태계가 망가지는 현상을 조금이나마 개선하고 싶었기 때문입니다.

장어의 지속가능성을 이루기 위해서는 많은 문제를 해결해야 합니다. 유통경로 추적, 하천환경 악화, 해류 변화, 지속가능한 소비량 설정, 자원량에 대한 정확한 데이터 부족 등 여러 가지 문제가 있습니다. 숲의 문제, 강의 문제, 바다의 문제, 지구온난화 문제 등을 해결하지 않고서는 장어 문제도 해결하기 어렵습니다. 이 문제를 전부 해결하여 지속가능한 자원관리 모델을 구축하기까지 몇십 년이 걸릴지도 모를 일입니다. 그러나 가장 어려운 일부터 시작해야 전체를 바라볼 수 있습니다.

장어를 통해 전달할 수 있는 숲의 문제, 강의 문제, 바다 문제, 농업 문제 등이 있는 것입니다. 자연의 변화 과정을 장어를 통해서 전달할 수 있다고 생각했습니다. 도전하고 실행하다 보면 여러 문제를 고민하는 전문가와 고객을 연결할 수도 있습니다.

단순히 장어 양식만 하는 게 아니라 숲에 둘러싸인 환경에서 숲의 혜택을 활용하면서 임업, 수산업, 농업을 연결하여 순환시키는 일을 목표로 한 것입니다. 그런 점에서 삼림, 논밭, 수변이 촘촘하게 정리된 산간부에 있는 니시아와쿠라야말로 농·임·수산업의 연결을 실현할 수 있는 최적지였습니다.

폐교의 장어 양식이 만든 순환

2016년 1월부터 준비하여 5월에 장어 양식 설비를 시작했습니다. 인도네시아종인 비카라 장어 양식부터 시작했습니다. 장어에는 양식권(수산청 허가를 받아 일본 장어의 치어를 양식장에 넣는 구조)이 있는데 처음에는 비카라종 양식권밖에 취득하지 못했기 때문에 먼저 비카라종을 키울 수 있는 양식 환경을 만들었습니다.

에이제로의 거점은 메이지 시대에 개교하여 1999년 3월에 폐교된 예전의 가게이시(影石) 초등학교입니다. 복숭아색의 예쁜 건물 안에 교실 하나를 주 사무실로, 음악실을 자연자본 사업부 사무실로 정했습니다.

양식 시설로 쓴 것은 체육관입니다. 마룻바닥이 탄탄하고 마루 아래 공간에 배관을 쉽게 설치할 수 있어서 장어를 키우기에는 최적의 장소였습니다. 체육관을 세운 분들과 이 초등학교 졸업생들은 체육관이 장어 양식장이 되리라고는 상상하지 못했겠지요.

다음과 같은 방식으로 장어를 키우기 시작했습니다. 우선 장어 치어를 넣습니다. 유통경로를 추적하여 누가 잡았는지 확실하게 소재를 알 수 있는 놈을 집어넣습니다. 2018년 투입(양식을 시작한 날)에는 도네 강(利根川) 치어를 구입하였습니다. 하천 단위의 자원량에 영향을 주지 않는 범위로 채집량을 한정한 다음 그것을 키우는 것을 목표로 했습니다.

장어를 키우는 것은 체육관 바닥에 놓인 다섯 개의 거대한 수조입니다. 수온을 25~30도로 맞추기 위해 2017년 11월부터 숲학교에서 대량으로 나오는 폐목과 나무 부스러기를 연료로 활용했습니다. 즉 폐목 보일러입니다. 이러한 유기성 자원을 목재바이오매스라고 합니다.

이틀에 한 번씩 숲학교 제재소에서 폐목과 나무 부스러기를 싼값

폐교의 장어 양식 구조

숲에서 벌목한 나무가 통나무가 되고 상품으로 만들어진다. 이때 생긴 톱밥과 나무 부스러기를 장작보일러에 때고 그 열을 장어가 사는 수조를 데우는 데 활용한다. 폐수는 교정의 비닐하우스 정화조로 보내 순환시킨다. 영양소가 포함된 폐수로 비닐하우스에서 채소를 기른다. 채소의 먹지 않는 부분은 퇴비로 쓴다. 키운 장어는 학교 건물 안 가공장에서 장어구이로 만든다. 이렇게 물, 열, 영양소를 순환시킨다.

원래 학교 건물

목재바이오매스
장작보일러

열

장어 사업 사무실

체육관의
장어 양식장

비닐하우스 밭

정화된
물

수조

폐수

정화조

작물의 먹지
못하는 부분은
퇴비로 활용

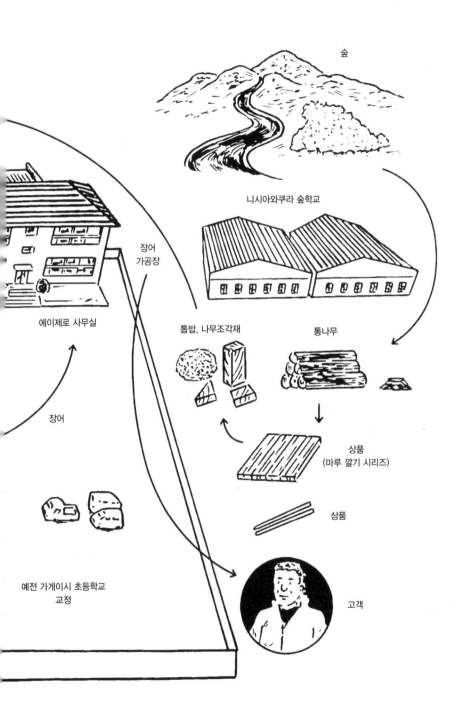

숲

니시아와쿠라 숲학교

장어
가공장

에이제로 사무실

톱밥, 나무조각재

통나무

상품
(마루 깔기 시리즈)

장어

상품

예전 가게이시 초등학교
교정

고객

에 구입하였습니다. 숲학교는 그것들을 태워 처분하는 일을 하지 않아도 되었고 약간의 수입도 생기게 되었습니다. 마을의 겨울은 무척 춥기 때문에 방한 대책도 세웠습니다. 수조에 단열재 뚜껑을 덮어 열이 빠져나가지 않게끔 수온 관리에 주의를 기울였습니다.

양식을 시작한 지 얼마 안 되어 아직 사육 환경이 불안정했기 때문에 담당 직원 나카타 씨는 사무실에서 잠을 자며 관리해야했습니다. 역시나 전직 수족관 사육사다운 모습이었습니다. 저도 처음에는 매일 오전 5시에 출근하여 현장에서 실제로 수조 청소와 먹이 주기 등을 관리하고 사육도 했습니다.

장어가 있는 수조에는 물이 넘쳐 흘러나가지 않게 돌리는 폐쇄 순환식 양식 시설을 정비했습니다. 수조 안에는 항상 물을 순환시켜 물을 깨끗하게 하는 장치가 있습니다. 먹이는 생선을 뼈째 건조한 분말인 어분으로 했습니다.

자원의 지속가능성을 위해 문제될 수 있는 먹이는 될 수 있으면 사용하지 않도록 개량하는 연구를 했습니다. 먹이의 원료가 남획되어 사라지지 않도록 했고 자원관리 개선 노력도 했습니다. 곤충에서 얻은 단백질 등을 섞어 사용하는 시도도 했습니다.

장어 배설물과 하수에는 질소, 인, 칼슘 등이 풍부하게 들어 있습니다. 하여 영양소가 들어 있는 하수가 밭을 순환하도록 설비를 갖췄습니다. 하수를 밭에 보내는 시스템을 만든 것입니다. 지금은 여기에서 고마쓰(小松菜, 갓의 일종)나 시금치 등 엽채소를 재배합니다. 수확물은 숲학교와 폐교 안의 무인판매대에서 싸게 판매하는데, 주로 직원들이 구매합니다. 마을의 식탁에 그 채소가 오르는 풍경을 상상하기만 해도 왠지 기쁜 마음이 듭니다.

채소 줄기 등 먹지 않는 부분도 밭에서 퇴비로 사용할 예정입니다. 엽채소와 과채류, 꽃모종을 길러 생산이 일정 정도 수준에 오르면 마을 게스트하우스와 관광안내소에도 출하할 계획입니다. 이렇게 물, 열, 영양소를 순환시킵니다.

에너지 등을 쓸데없이 소비하지 않는 것 이외에 순환 형식이 주변 생태계에 악영향을 끼치지 않게 하는 일도 대단히 중요한 부분입니다. (장어 양식장은 일반인 견학이 가능합니다. 견학하고 싶은 분은 에이제로 자연자본사업부로 문의바랍니다.)

장어는 일반 양식 방법으로는 6개월 정도 걸려서 출하할 수 있는 크기로 키우지만 에이제로에서는 항생제를 투약하지 않고 1년 이상 키웁니다. 일반적으로 유통되는 크기보다 더 크고 신선하며 쫄깃한 맛이 특징입니다. 양어용 사료기름 사용을 자제하고 자연 지방이 생기도록 하여 천연 장어에 가까운 깔끔한 지방이 생기게 합니다. 장어의 번들거리는 기름을 싫어하는 사람에게 특히 좋습니다.

2017년 6월부터 '숲속 장어'라는 이름으로 장어 판매를 시작했습니다. 온라인 숍* 판매 외에 도쿄 시내 음식점 등에도 납품합니다. 2018년부터는 일본 장어 양식권을 취득하여 드디어 양식을 시작하였습니다. 이때부터는 비카라종에서 일본 장어로 옮겨가는 기간입

---

*https://store.gurugurumeguru.jp (역주)

니다.

출하가 가능한 크기까지 키우기 위해서는 약 1년 반이 걸리는데 빠르면 2019년 봄부터 일본 장어종인 '숲속 장어'를 판매할 예정입니다. '숲속 장어'를 먹게 된다면 '니시아와쿠라 생태계의 일원이 된다'는 의미라고 생각해주기 바랍니다.

여름 장어 양식, 겨울 산짐승 가공

2018년 2월, 예전에 초등학교 급식실로 사용하던 장소를 장어구이용 가공장으로 완성했습니다. 보건소 허가도 받았습니다. 시작한 지 얼마 안 되어 장어를 갈무리해 구이용으로 가공하는 공정을 완성하였고, 그전에는 외부에 맡겼던 구이용 소스 생산을 스스로 만들 수 있게 되어 오리지널 소스도 만들었습니다.

가공장 담당 직원은 어릴 때부터 집안이 목재상이어서 나무에 둘러싸여 자란 노기 유타(野木 雄太)입니다. 그는 '숲 장어를 맛있게 만들고 싶다'는 강렬한 염원으로 최고의 장어구이 요리법을 배우기 위해 마을에서 멀리 떨어진 지바현(千葉県) 조시시(銚子市)에서 츄헤이(忠平) 그룹이 운영하는 장어구이 학교에 들어갔습니다. 이 그룹은 일본 제일이라고 불리는 도네 강 천연 장어에 한정하지 않고 천연 장어에 가까운 고급 양식 브랜드 '장어 반도타로(坂東太郎)'를 판매하고 있습니다.

장어구이 세계에서는 '꼬챙이에 장어 끼우기 3년, 장어 해체 8년,

굽기는 평생'이라는 말이 있습니다. 그 정도로 아침저녁으로 계속 몸에 익혀야 하는 힘든 과정입니다. 원래 예정한 연수 기간은 3개월이었지만 노기는 "조금 더 몸에 익히고 싶다"라며 기간 연장을 신청하여 4개월 연수를 마치고 마을에 돌아왔습니다.

만족스럽게 기술을 배웠던 것일까요. 그는 베인 상처와 데인 흔적이 있는 손과 조금 더 다부져진 얼굴로 돌아왔습니다. 현재 그는 가공장에서 솜씨를 발휘하고 있습니다. 그를 받아주고 현재에도 응원해주고 있는 츄헤이 그룹의 다카야스 미치마사(高安 道征)에게 정말 감사드립니다.

장어구이 장인의 세계에 매료된 노기는 "이것은 평생 직업이 될 수도 있다. 그러나 보통의 장인이 아닌 또 다른 일에도 도전할 수 있는 것이 에이제로의 장점이다"라고 말합니다.

여기에서 노기가 말하는 "또 다른 일."

그렇습니다! 제게는 또 하나의 일이 아직 남아 있습니다. 장어 가공장 담당 직원에게 겨울에 사슴과 멧돼지 등의 산짐승 가공을 맡기는 일입니다.

장어와 산짐승 가공을 같은 직원이 담당하게 될 때의 장점은 세 가지입니다.

첫째, 일본인의 식습관대로 보면 장어 가공은 여름이 제철입니다. 하지만 산짐승 가공은 수렵 기한이 정해져 있기 때문에 겨울에 주로 합니다. 그러면 끊김없이 이어서 계속 일을 할 수 있습니다.

둘째, 장어 냉동을 위해 이미 마련한 액체동결냉각기라는 냉동 설비를 산짐승 냉동에도 사용할 수 있습니다.

셋째, 작업 평준화입니다. 사슴과 멧돼지는 언제 잡힐지 정확하게 가능하기 어렵습니다. 또한, 사냥꾼이 잡아온 것을 받아서 되도록 빨리 해체하여 저장해야만 질 좋은 고기가 됩니다. 한동안 잡히지 않는 일도 있고 갑자기 "오늘 아침에 잡아서 지금 가지고 가겠습니다"라고 하면 받지 않을 수도 없습니다.

한편 산 채로 수조에 보관할 수 있는 장어는 원래 정해진 공정대로 가공하여 냉동 보관하기 때문에 일정 조정이 가능합니다. 그래서 장어 가공에서 비교적 시간이 남는 겨울철에 산짐승을 가공할 수 있습니다. 사슴이 잡히지 않는 날과 사냥꾼이 사냥할 수 없는 악천후에 장어를 가공하면 되기 때문에 일의 양을 어느 정도 안정적으로 조절할 수 있습니다. 최적의 조건이 마련되는 것입니다.

사람과 장어의 지속가능한 관계 만들기

"멸종위기종인데 왜 장어 양식을 하나요?"라는 질문을 자주 듣습니다. 하지만 "이제 양식하지 말자", "먹지 말자"라고 한탄하는 경우가 있긴 해도 치어를 잡은 양만큼 양식업자에 건네주는 방식은 여전히 변하지 않고 이어집니다. 그렇다면 오히려 지속가능성을 높일 수 있는 양만업을 확립하여 널리 보급되는 것이 좋다고 생각했습니다.

언젠가는 장어의 완전양식이 실현될 수 있을지 모르지만 지금은 우리가 할 수 있는 일을 중심으로 생각해야 합니다. 완전양식이 성공해도 충분히 싼 가격에 대량 부화시키는 기술이 되기까지는 시간이 걸립니다. 그렇다면 지금 치어를 잡는 양을 적절히 관리하고 될 수 있는 한 잘 유통시켜서 맛있게 먹을 수 있는 과정을 연구해야 합니다.

장어 양식 자체를 부정하고 하지 않겠다는 태도를 취한다 해도 이런 식문화가 갑자기 없어지지 않겠지요. 따라서 적절히 자원관리를 할 수 있는 양만업을 확립하고 확대하려는 노력이 필요합니다. 하천에서 제어 가능한 범위에서 장어 양식을 할 수 있다면 큰 문제는 없습니다. 생태계 즉 자연에 존재하는 장어의 양에 큰 영향을 주지 않는 범위에서 치어를 잡고 그 어획량을 하천마다 산출할 수 있기 때문입니다.

특정 장소에서 송두리째 치어를 잡아버리면 원래 그 강에 서식했던 장어 개체수가 점점 줄어들지만 각 하천에 큰 영향 없이 적절하게 치어를 잡아 양식하는 것은—이론상으로는—가능합니다. 그런 의미에서 전문가와 협의하면서 자원관리의 복잡성에 대한 모의실험도 해보고 싶습니다.

지금은 사람과 일본 장어의 지속가능한 관계 만들기를 목표로 본격적인 활동을 하고 있습니다. 장어라는 일본 식문화 그리고 인간과 장어가 즐겁게 공존하는 강의 미래를 남기기 위해 'ASC(Aquaculture Stewardship Council)* 인증을 기본으로 한 지속가능한 양식 기준'

---

*ASC는 WWF와 IDH가 2010년에 설립한 단체로서 양식 수산물의 지속가능성과 사회적 책임을 인증하는 비영리기구이다. (역주)

과 '구매한 치어를 활용한 효과적인 방류 방법 개발 시험'에 매진하고 있습니다.

환경에 큰 부담을 주지 않고 지역사회를 고려한 양식수산업을 위해 마련된 국제 인증제도인 ASC 양식장 인증은 어종에 따라 기준을 책정하는데, 아직 일본 장어에 대한 기준은 없습니다. 그래서 ASC 양식장 인증체계를 기본으로 인증기관이기도 한 아미타가 시험 삼아 만든 일본 장어에 대한 독자적인 기준을 기초로 심사받아 현재 상황에서 풀어야 할 과제들을 밝혀냈습니다.

멸종위기종인 일본 장어에 관한 정식 ASC 양식장 인증 발행이 바로 이루어지진 않을 것입니다. 그러나 실험적인 심사 결과 발표를 통해 일본 장어의 지속가능성에 대해서 사회적 공감이 이루어지기를 기대합니다.

2018년 1월에는 일본 장어 치어의 기록적인 불황이 보도되었습니다. 이런 때야말로 해야 할 일이 있다는 생각에 양식용으로 구입한 치어의 반을 방류하였습니다. 장어구이로 팔려 가버릴 뻔한 치어의 반을 강에 되돌린 것입니다. 방류한 치어 구입비로 약 50만 엔이 들었었습니다.

전국에서 장어 방류를 하고 있지만 방류한 후의 생존율과 번식에의 기여도를 평가하는 것도 과제입니다. 치어가 야생에서 적응하기 쉽게 사육 기간을 짧게 하여 방류하고 방류 효과를 측정해보았는데 방류 이후 수놈과 암놈의 비율이 반반 정도 되는 효과적인 방류 방법을 찾아냈고 앞으로도 이 방법을 더욱 개선할 예정입니다.

2018년과 2019년에 방류한 치어가 정착한 것을 확인했습니다. 치어가 번식 개체가 되어 강을 내려가는 것은 5~10년 뒤입니다. 이 모든 모니터링 결과를 공개하고 연구자와 지역 주민의 참여를 호소하며 계속 활동하고자 합니다.

장어로 시작된 순환의 미래

앞으로도 농업, 임업, 수산업의 연대와 순환을 만드는 도전을 계속할 것입니다. 몇 년 뒤에는 축적한 기본적인 노하우를 바탕으로 보다 다양한 실천을 할 수 있겠지요. 예를 들어 에너지 사업, 소형 발전소에 도전할지도 모르겠습니다.

전기와 열을 다루면서 농업에도 손댈 것 같습니다. 그러나 일단 지금은 지식을 축적하고 있습니다. "숲과 자연으로 어느 정도까지 지역경제 순환을 달성할 수 있을까"가 주요 관심사이기 때문에 장어 양식은 그 시작에 지나지 않습니다.

요컨대 지역 유통에 관심이 있습니다. 도쿄에서 팔리는 물건만 만든다면 도쿄를 위한 마케팅을 하게 돼버리기 때문에 수평적 전개가 불가능합니다. 지역에서 순환하는 일은 지역 내에서 완결하는 것이므로 우리가 할 수 있는 일들입니다. 장어는 도쿄에서도 판매되고 있지만 관광안내소 등 마을에서 그에 걸맞은 마케팅 전략을 가지고 있다면 그건 그대로의 장점입니다.

농업, 임업, 수산업, 에너지, 식량은 지역에서 다룰 수 있는 분야입니다. 지역에서 순환할 수 있는 노하우를 축적한다면 다른 여러 지역에도 도움이 될 수 있고 이를 바탕으로 사업을 할 수도 있습니다. 에너지 이외에 맥주 만들기도 좋지 않을까 싶습니다. 마을에서 홉도 재배할 수 있을 것 같고, 장어와 맥주가 세트로 식탁에 오르면 궁합도 맞겠지요. 이런 상상도 해봅니다.

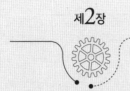

제2장

로컬벤처를

키우다

로컬벤처스쿨

현재 에이제로가 진행하는 두 번째 사업은 로컬벤처 지원사업입니다. 이 사업은 지역에 새로운 사업이 생길 수 있도록 지원하는 활동입니다. 그 첫 번째 활동은 2015년에 니시아와쿠라가 주최한 창업예정자 지원 프로그램인 로컬벤처스쿨입니다.[*]

2015년에는 숲학교가 로컬벤처스쿨을 기획하고 운영했지만 지금은 에이제로가 담당합니다. 시작 당시의 예산은 회의비, 강사료, 강사 여비와 교통비 정도의 실비 수준이었습니다. 창업 지원 보조금으로 마을에서 의뢰받아 시작한 프로그램 정도의 규모였습니다.

---

[*] https://www.a-zero.co.jp/lvs-nishiawakura (역주)

창업의 진화

로컬벤처스쿨 최종 심사회에서 사업 제안이 채택된 이주자에게는 총무성 지역부흥협력대* 자격이 주어졌습니다. 마을에서는 이 자격을 적절히 운용하여 창업가형 인재를 발굴하고 육성했습니다. 이미 제도가 있다고 그 제도에 맞춰 억지로 진행한 것이 아니라 창업가형 인재 육성을 중요한 과제라고 생각하던 차에 이용할 수 있는 제도가 생겨서 이를 활용한 것입니다.

지역부흥협력대 제도를 도입하는 지자체들은 많지만 니시아와쿠라가 다른 지역과 다른 점은 '사람을 중심으로 한다'는 점입니다. 진심으로 시도하려는 사람이 있다는 것은 뭔가 새로운 것이 생기고 변화할 수 있다는 것을 의미합니다. 그런 '사람'이 없다면 아무리 계획을 세워도 그림의 떡일 뿐입니다.

사람이 하고 싶은 일을 관철하다 보면 독선적으로 지역 주민을 무시하게 될까 봐 걱정하는 분도 있을 수 있지만 그렇지 않습니다. 지역 자원과 사람의 가능성을 발굴해가는 작업은 꼭 필요한 것입니다. '지역을 위해 협력해야 한다'고 강요하기보다는 주위의 가능성을 모두 함께 발굴하는 일이라는 관점으로 접근합니다.

2015년 로컬벤처스쿨 모집 공고에서는 — 정주정책의 일환으로 실시된 제도임에도 불구하고 — '정착하지 않아도 괜찮습니다'라는 모

---

*2009년부터 실시된 지역부흥협력대의 정식명칭은 '地域おこし協力隊', 즉 '지역을 일으켜 세우는 협력대'이다. 우리나라에서는 2015년부터 지역이전협력대, 지역창조협력대, 지역만들기협력대, 지역활성화협력대, 지역진흥협력대, 지역방문협력대 등 여러 가지 명칭으로 부르다가 2015년 말부터 지역부흥협력대라고 부르기 시작했다. 일본의 지역부흥협력대 웹사이트는 https://www.iju-join.jp/chiikiokoshi (역주)

토를 제시하였습니다.

　　정착하지 않아도 괜찮습니다. 당신이 이 마을에 살게 되면 정말 기쁘겠지만 그렇지 않아도 괜찮습니다. 꼭 정착하지 않아도 자신의 삶의 흔적을 이 마을에 남겨 놓았고 이 마을에서 정말 열심히 도전했다는 사실은 마을이나 당신에게 대단히 중요한 의미를 가질 것입니다. 따라서 이 마을을 자신의 고향이라고 여기고 가끔 마을에 놀러올 수 있게 된다면 어딘가에 떨어져 살고 있어도 괜찮습니다.

　　물론 궁극적으로는 정착하기를 바라지만 이주 희망자들에게 정착해야만 한다고 미리 요구하는 것은 부담이 될 것입니다. 그렇지 않고 본인이 주체적으로 열심히 도전을 축적한 다음에 그 결과로서 마을에 정착하게 되는 것이 좋습니다. 이 프로그램은 그 사람이 상상하고 바라던 삶을 실현시켜주기 위한 프로그램입니다. 그 결과 이주하지 않고 도쿄에 살면서 니시아와쿠라와 관계하는 사람도 생길 수 있습니다.

　　2016년 2차 모집에서는 매출 규모나 마을의 출생률도 고려하여 '착실히 벌자'라는 모토를 정했습니다. 고용을 창출할 수 있는 로컬 벤처가 한 개라도 만들어지면 좋겠다는 생각으로 만든 모토입니다. 또한 모집 대상에 마을 주민도 포함하여 주민의 새로운 창업도 지원했습니다.

니시아와쿠라에서 독자적으로 시작한 프로그램이지만 이제는 홋카이도(北海道) 아쓰마정(厚真町)에서도 이 프로그램을 실시하고 있습니다.* 니시아와쿠라의 프로그램에 주목한 아쓰마정이 의뢰하여 시작한 것입니다.

두 지역에서 실시하는 프로그램 구성과 내용은 조금씩 틀이 잡혀가고 있는데, 기본적인 사고방식은 대부분 유사합니다. 다만 지자체마다 환경이 다를 수 있기 때문에 프로그램을 반복하여 실시하는 과정에서 조금 더 지역에 맞게 변경합니다. 예를 들어 아쓰마정은 니시아와쿠라에 비해 면사무소 직원이 많기 때문에 많은 사람들이 참여하기 쉬운 환경이라는 점을 좀 더 고려했습니다.

교육과정

로컬벤처스쿨이라는 명칭 때문에 학교처럼 다니면서 배우는 곳을 연상하는 사람이 많지만 사실 그런 수동적인 장소를 의미하는 것은 아닙니다.

로컬벤처스쿨 프로그램은 다음과 같은 흐름으로 구성되어 있습니다.

우선 매년 7월부터 이주 희망자든 지역 주민이든 제한하지 않고 지역 창업 희망자의 기획서를 받아 서류심사를 실시합니다. 서류심

---

*https://www.a-zero.co.jp/lvslll-atsuma-lvs (역주)

사를 통과하면 1박 2일 또는 2박 3일 일정의 1차 심사에 참가하여 사업계획을 발표합니다.

1차 심사 후, 사업 동기, 비전, 실현 가능성 등에 대해 들어봅니다. 부정적으로 보거나 함부로 꾸짖는 일은 없습니다. 스스로 최선의 답을 하게끔 이끌어줍니다. '왜 하고 싶은지', '정말 실현하고 싶은 일은 무엇인지'를 생각해보는 중요한 자기 발견의 시간을 갖는 것입니다.

이것이 로컬벤처스쿨의 큰 특징입니다. 사업을 시작하기 전에 자신을 되돌아보고 결점을 찾아 고칠 수 있는 중요한 기회이기 때문에 그 과정을 경험하면서 무엇을 어떻게 실현시켜 사업으로 발전시킬까를 고민하게 되기를 기대합니다.

이 과정을 거친 후 5개월간 실질적으로 사업계획을 보완하게 됩니다. 이 단계에서에서 꼭 필요한 것은 참가자에게 조언하고 상담해주는 멘토의 존재입니다. 멘토로는 벤처 경영자, 벤처육성 전문가, 공무원, (저를 포함한) 에이제로 담당자도 있습니다.

멘토와 지원자는 온라인 또는 대면 방식으로 상담합니다. 멘토에 벤처 경영자가 포함되어 있는 이유는 벤처가 벤처를 육성하기 때문입니다. 로컬벤처가 서로 연결되고 무리지어 지역에서 성장하는 것을 목표로 하는 것입니다.

시간을 들여서 보완과 멘토링에 힘을 쏟는 이유는 지역에서 창업하여 사업하면서 '누군가에게 칭찬받고 싶다', '인정받고 싶다'는 강한 성취 욕구를 가지고 도전하는 사람이 적지 않기 때문입니다. 그러나 유감스럽지만 이런 생각만으로 사업을 해나가기는 힘들고 장벽을 넘어 도전하기도 어렵습니다.

"이렇게 하면 좋은 평가를 받을 것 같다"라는 말을 외부인으로부터 듣는 것보다는 스스로 "이렇게 하고 싶다"라는 생각을 확고히 하는 것이 훨씬 중요합니다. 자기 자신이 기쁨을 실감하고 자신이 에너지를 만들지 않으면 전진할 수 없습니다.

창업가는 자발적 욕구로 자신의 안에서 에너지가 뿜어져 나와 주변에 에너지를 전파하는 존재이기 때문입니다. 이렇게 5개월간의 과정 속에서 본인이 정말 하고 싶어하는 일을 찾아주고 싶기 때문에 신중히 진행합니다.

멘토

멘토로서 많은 분들이 협력하여 여러 사람에게 용기를 불어넣어 주고 있지만 그중 가장 핵심 인물은 BBT(Business Break Through) 대학 객원교수, 일부 상장기업 아카쓰키와 크라우드펀딩 운용사 마쿠아케 등의 사외이사, 화가, 에이제로 비상근이사 등 다양한 이력을 소유한 가쓰야 히사시(勝屋 久), 유코(祐子) 부부입니다.

히사시는 일본 IBM에서 25년간 근무했습니다. 사업 제휴와 기업 합병 등을 담당하는 IBM 벤처 캐피탈 그룹(Venture Capital Group) 일본 대표에 취임하였지만 48세였던 2010년에 퇴사하여 하고 싶은 일을 하겠다고 방향을 전환했습니다.

현재는 부부가 기업과 프로젝트 컨설팅, 인재육성사업, 아트사업을 하고 있으며, 모든 사업에서 마음을 전하는 것을 중요하게 여기고 있습니다.

부인 유코는 의료업에 종사하다가 경영인 비서를 거쳐 현재는 가쓰야 히사시(勝屋 久) 사무소 대표입니다. 2002년에 (지금은 돌아가신) 멘토와의 만남을 계기로 자신을 발견하고, 보이지 않는 세계를 아는 기쁨에 눈을 떠 주로 인간의 정신세계에 대한 배움을 이어가고 있습니다. 그 경험을 살려서 경영자와 직원의 멘토링, KATSUYA♡ 학원 등 여러 가지 활동을 하면서 그 사람의 '본질이 빛나게끔' 돕고 있습니다.

이 두 사람은 참가자의 사업계획 수립에 큰 힘을 주고 있습니다. 어떤 점을 중점적으로 체크하고 있냐고 물어봤더니 이런 답변을 했습니다.

사업은 정답이 없어요.

사업 성공에 대한 책과 강좌는 많지만 외부에서 해답을 구하는 시대는 지났습니다.

자신의 마음속에 해답이 있지 않을까요.

그러니까 자신의 마음과 이어지는 것입니다.

입으로 말하는 것과 그 사람의 순수한 욕구가 연결되어야 한다는 것이 핵심입니다.

연결되지 않으면 그 사람의 존재 자체가 희미해지는 것과 같습니다.

사업계획의 핵심에 자기 자신이 없는 것이지요. (히사시)

결심이 있는 사람에게는 유연성과 솔직함이 있습니다.

사람은 다짐하면 움직이게 되고 대부분의 일을 극복할 수 있으며 자신을 둘러싼 현실을 바꿀 수 있습니다.

한편 자신의 정당성을 과하게 주장하는 사람이나 '왜냐하면~'이나 '당연히 ~해야만 하는' 식의 논리를 주장하는 사람은 완전무장하여 틈이 없어 보입니다.

이럴 경우에는 아무리 좋은 일이나 올바른 일이라고 발표해봤자 설득에 그칠 뿐, 진짜 인정받기 위한 발표인가 하는 의구심이 듭니다. (유코)

뭔가 해야만 한다고 생각하면 스스로에게 마치 주문을 외우는 것 같은 상태가 되어 고민만 깊어집니다. 진심으로 자신이 하고 싶은 일과 마음만 앞서는 일이 엇갈리는 경우도 있습니다. 가쓰야 부부는 그것을 꿰뚫어보고 그 사람다운 선택을 하게끔 이끌어줍니다. 물론 다른 멘토들도 각자의 입장에서 참가자를 지원합니다.

히사시가 48세에 퇴사한 이유는 구조조정 때문이었습니다. 돈도 없고 모든 것이 사라져 허무해진 상태였던 것 같습니다. 그때에는 정말로 무엇을 하고 싶은 것일까를 고민하며 안절부절못했다고 합니다.

구조조정을 당했을 때에는 정작 하고 싶은 일이 없었습니다. 회사에서는 마케팅 책임자를 맡아 달라고 했지만 하고 싶지 않았습니다. 마음속에 위화감이 있었던 것이지요.

퇴직 후에 친구가 '직업을 만들면 되잖아?'라고 권유하여 활동을 시작해 지금에 이르렀습니다. 자신이 말한 것이 혹여 거짓일지도 모른다고 생각하며 자신의 결단을 의심해보기도 해야 합니다.

마음먹은 것을 솔직하게 생각하고 보다 정직하게 매진해야 합니다. (히사시)

위화감을 눈치 챌 수 있는가 여부가 핵심인 것 같아요. '어라? 이건 뭘까?'라는 생각이 든다면 용기를 가지고 그곳을 파고 신중하게 보는 것이 필요합니다.

사실 위화감이란 것은 (가족 때문에 이 일을 어쩔 수 없이 하고 있다라든지) 얼마든지 핑곗거리를 만들 수도 있는 느낌이니까요.

위화감과 마주하고 자신의 진심에 집중하면 정작 원하는 창업은 이게 아니라고 느낄 수도 있습니다. 그래도 상관없습니다.

자신과의 대화가 제일 중요하니까요. (유코)

히사시는 블로그에서 로컬벤처스쿨에 대해 이렇게 평가했습니다.

로컬벤처스쿨의 목표는 '사랑이 넘치는 배움의 장'입니다.

배움의 장이란 무엇일까요?

발표자를 한 꺼풀씩 벗겨내는 것입니다.

함께하는 에이제로 직원, 후원자, 우리들도 한 꺼풀씩 벗는 것입니다.

진정으로 관여하는 사람 전원이 성장하는 장인 것입니다.

그러기 위해 마음 놓고 말할 수 있는 장을 만들려고 노력합니다.

로컬벤처스쿨에서는

첫째, 진심을 나누다.

둘째, (눈을 뜰 정도로) 고민과 서로 다른 생각을 깨우치다.

셋째, 진정한 욕구를 찾다.

넷째, 발견하다. 발견하지 못하는 경우도 OK!

다섯째, 발견했을 경우 진짜 본심인지, 지원금이 없어도 하고 싶은지, 지역과 연결될 것인지를 대화한다.

여섯째, 이 모든 질문에 대한 답이 명확해지면 수단, 협력자, 수준 등 현실적이고 본질적인 실천으로 연결한다는 식으로 진행합니다.

'삼류는 재물을 남기고 이류는 사업을 남기고 일류는 사람을 남긴다'라는 말이 있지만 정말 로컬벤처스쿨은 사람을 남기는 활동입니다.

두 사람이 진심으로 참가자를 대하는 모습을 보면서 많은 것을 배웠습니다. 다른 멘토를 포함해서 많은 사람들의 지원으로 로컬벤처스쿨이 이루어지고 있습니다.

창업자

멘토를 통해 수정 과정을 거친 참가자들은 최종심사회에서 또 한 번 사업계획을 발표합니다. 그 내용을 바탕으로 매년 12월에 지원 대상자를 결정합니다. 채택된 사람들에게는 사업화를 위한 지원 자금으로 최대 3년간 월 20만 엔을 지급합니다(세부 내용은 지역마다 다릅니다). 채택 후 도시로부터 이주할 경우에는 지역부흥협력대 제도의 지원도 활용할 수 있습니다.

참가자 연령 제한은 없지만 30세 전반부터 50대가 많은 편입니다. 2015년에는 18명이 참가하여 8명이 서류심사를 통과하고 최종심사회를 거쳐 2명을 선정했습니다. 아쓰마정에서는 2017년에 25명이 참가하여 5명을 선정했습니다. 참고로 아쓰마정 지원자의 절반은 홋카이도 사람이었습니다. 선정된 다음 해 1~3월에는 신변 정리와 이사를 하고 4월부터 사업을 시작하는 것이 기본 일정입니다.

선정된 2명의 참가자를 소개하겠습니다. 첫 번째는 니시아와쿠라 출신인 지역 사람입니다. 그는 1차 심사에서 멋진 자료와 함께 발표했습니다. 그러나 '나의 핵심 생각이 중요하다. 나는 진짜 무엇을 하고 싶은가'라고 고민하던 중 히사시의 강연을 듣고 처음에 작성한 사업계획을 백지화하였습니다. 자문자답하면서 참가 이유라든가 '일을 하면서 보람을 느낀 경우'에 대해 구체적이고 진지하게 생각해 보았다고 합니다.

그런 과정을 통해 최종적으로 '나는 이것이 마음에 든다'는 확신을 얻어 사업계획을 크게 변경했습니다. 그 모습을 보고 주위와 지역 주민들도 응원하는 분위기가 되어 현재는 수정한 사업계획을 실현하기 위해 매진하고 있습니다. 그 사람의 내면으로부터 에너지가 나오면 주변 사람도 건강하게 되고 그 사람을 응원하고 싶어지는 것입니다.

또 한 사람은 도시에 사는 요리연구가 여성입니다. 음식 관련 활동을 하는 사람은 지역과 친화력이 높고 지역에서도 '꼭 와주었으면 하는 사람'입니다. 그러나 그녀는 도시에 거점을 두는 일도 소중하게 여기면서 다른 지역에서도 활동하고 싶어하는 사람이기 때문에 심사회에서 "그녀를 채택한다면 그녀가 도시에서 하고 싶은 일이 충분히 이루어지지 않을 가능성이 있다. 그렇게 되면 그녀는 행복할까"라는 문제제기가 나왔습니다. 결과적으로 지역에 묶어두는 것보다 그녀의 행복을 우선시하여 마을과 관련되는 사업 형태를 현재 모색하는 중입니다.

이렇게 사람마다 여러 사정과 생각이 있기 때문에 획일적인 규정으로 '이 규정을 충족하면 채택한다'고 단순하게 결정하지 않습니다.

매년 지원자들마다 드라마가 있고 우리도 그 과정에서 많이 배우고 있습니다. 우리는 지역에서 새로운 시작을 하려는 사람들을 보살피고 있습니다. 설령 실패해도 괜찮습니다. 가쓰야 부부는 이렇게 말합니다.

그렇게 말할 때는 뭔가 잘되지 않는 현실 그 자체가 자신에게 가르침을 주는 것입니다. 반드시 원인은 있으니까요. 외부 상황이나 누구 때문이라고 여기지 말고 어디든 위화감은 없는지 성찰해보기 바랍니다. '잘하면'이라는 가정을 갖고 일하면 '잘하면'이라는 결과만 남을 뿐입니다. (유코)

자신의 순수한 욕구, 호기심, 흥미라는 뿌리가 있어야 그다음 단계에서 뭔가 새로운 것을 만들고 싶다는 세계관과 비전이 생깁니다. 이것을 자신의 축(軸)이라고 부릅니다. 자신의 축을 키워가면서 사회와 시장과 관계해 나가면 농락당하는 일은 없어집니다. 잘되지 않을 때에는 그 순간 멈추고 돌아보는 것도 좋습니다. (히사시)

로컬벤처 육성이 거기에 관여하는 우리들과 지역 주민에게도 무언가에 도전하는 일에 대한 배움의 장이 되는 것입니다. 아쓰마정 로컬벤처스쿨 담당자 다지마 다케시(但馬 武)는 이렇게 말합니다.

로컬벤처스쿨에서 느낀 것은 면사무소 공무원과 도전자와의 교류 속에서 도전자뿐만 아니라 면사무소 공무원도 변한다는 것입니다. 일반적으로 면사무소 공무원이라면 안정 지향적이라고만 생각하지만 그들도 도전자들의 열의와 꿈을 듣고 마을에 자부심을 가져 스스로 도전자가 되는 듯한 효과를 느끼게 됩니다.

로컬 라이프 랩

로컬벤처스쿨과는 별개로 2017년부터 모집을 시작한 것은 지역의 가능성과 과제를 연구하는 로컬라이프랩 프로그램입니다. 이는 지역에서 첫발을 내딛고 싶어하는 사람에게 추천하는 프로그램입니다.

어떤 삶을 살 것인가, 어떻게 살고 싶은가에 대해 생각해볼 수 있는 프로그램으로서, 참가자는 니시아와쿠라에서 1년간, 최대 2년까지 랩 멤버로 참여하여 자신이 가고 싶은 길과 인생을 걸고 하고 싶은 일을 탐구할 수 있습니다.

임업, 농업, 관광, 복지 등 주제는 자유롭게 선택할 수 있습니다. 마을이 제안하는 주제에 참여할 수도 있습니다. 랩 동기 멤버, 코디네이터, 마을의 멘토들도 그 사람의 연구를 지원합니다.

기본적으로 로컬벤처스쿨은 마을로 이주하여 창업할 사람을 대상으로 하기 때문에 꽤 장벽이 높은 프로그램입니다. 도쿄에 사는 사람이 마을에 이주하여 창업하고 싶다고 해도 지역에 대한 감이 없기도 하고 대부분 어렵다고 느낄 것입니다.

저 같은 경우는 전직하여 일하던 중에 니시아와쿠라와 관계를 시작했고 점점 마을과 유대감이 깊어져 사업을 시작했지만 그렇게 되기까지 많은 시간이 걸렸습니다. 그런데 그 장벽을 낮춘다면 쉽게 마을에 올 수 있는 사람이 생길지도 모릅니다.

가설이지만 이제부터는 '망설이는 사람이 지역을 만든다'고 말할 수 있지 않을까요. 하고 싶은 일이 있지만 망설이는 사람, 다음 단계로 넘어가려고 결심했지만 다음 단계가 무엇인지 알지 못하는 사람, 신중하게 생각하고 고민하지만 갑갑함을 느끼는 사람, 괴로운 마음을 인정하고 일단 초심으로 돌아가 용기를 쥐어 짜낸 사람 등 여러 부류의 망설이는 사람들이 있습니다. 그런 사람들이 미래의 자신을 구상하면서 집중하여 능력을 발휘할 수 있는 기회를 미리 제공하는 것도 필요합니다.

그런 예비 창업자 같은 사람들이 일단 마을에 살면서 여유롭게 자기 자신과 지역의 가능성을 탐구할 수 있는 기간이 필요합니다. 그 결과 실제 창업자도 생기고 창업하지 않는 사람도 자신이 할 수 있는 중요한 역할을 발견할 수 있습니다. 또한 그런 관계성을 통해 진짜 풍요로운 지역이 만들어집니다.

지금 지자체에서는 관계인구를 늘리는 생각과 시도가 주목받고 있습니다. 관계인구는 이주와 정주에 관계없이 그 지역에 관여하는 사람입니다. 이는 지역에 정기적으로 방문하거나 지역을 제2의 고향으로 여기는 사람을 만드는 개념입니다. 그런 관계인구와 정주인구를 잇는 계기를 로컬라이프랩 프로그램을 통해 제공할 수 있습니다.

로컬라이프랩 모집 첫 회에는 24명이 지원했습니다. 서류심사와 면접을 거쳐 2018년 4월부터 20~40대 5명이 1기 연구생으로 시작했습니다. 직업별로는 조산사, 사회복지 경험자, 가죽공예 장인 등 독특한 이력을 갖고 있었습니다.

이들에 대한 심사 기준의 하나는 '지역이 나를 행복하게 해주겠지'라는 의존적 생각이 아니라 '내 일이 나를 행복하게 할 수 있다'는 자립심을 가진 사람이어야 한다는 것이었습니다.

연구생들은 4~5월까지 두 달 동안 오리엔테이션을 받고, 마을 현장조사를 하고, 창업가 및 마을 주민과 대화하며 자신의 계획을 설계했습니다. 하고 싶은 일을 찾게 되면 면사무소에서 가능성에 대한 관련 정보를 제공하고 조사 연구를 지원했습니다. 3개월의 프로그램 진행 과정에서 자신의 프로젝트를 바꾸어도 상관없고 1년 내내 같은 프로젝트를 진행해도 상관없습니다.

로컬라이프랩도 지역부흥협력대 제도를 활용하고 있습니다. 지역부흥협력대 활동 기간은 최대 3년이지만 로컬라이프랩 연구생으로서의 활동 기간은 1년이기 때문에 최초 1년 동안 지역에서 가능성을 탐색해보고 2년째부터는 자신의 일을 결정하는 방식으로 진행했습니다. 지역부흥협력대로 활동하는 3년간 지역에서 자신의 역할을 발견하기 위해 시행착오를 해도 상관없지만 로컬라이프랩 연구생으로서의 활동은 최초의 1년만 할 수 있습니다.

로컬라이프랩은 니시아와쿠라뿐만 아니라 홋카이도 아쓰마정에서도 실시합니다. 다만 아쓰마정에서는 최대 3년간 로컬라이프랩 활동을 할 수 있습니다. 2018년 4월부터 3명이 시작하였고, 거점은 예전 어린이집이었던 공유주택입니다. 에이제로는 아쓰마정 가미아쓰마 위성사무실에 사무실 하나를 빌려 이용하고 있습니다.

로컬벤처스쿨에 지원하여 창업가가 되는 것이 가장 이상적이지만 2년째 랩 연구생을 계속해도 무방합니다. 물론 기간이 끝난 후에는 취업이나 창업 어느 쪽을 선택해도 괜찮습니다.

로컬-모컬 연구회

니시아와쿠라 로컬-모컬* 연구회라는 지역 사업 가능성을 연구하는 토크 이벤트도 주최합니다. 각 분야에서 활약하는 여러 경영자를 초대하는 강좌입니다. 주로 미래 계획과 현재의 실현 방법에 대한 정보를 공유하는데 이 토크 이벤트도 마을의 위탁을 받아서 에이제로가 기획하고 운영합니다. 매월 개최하며 2017년에는 총 12회를 개최하였습니다.

강의 내용은 보통 강의에서 자주 들을 수 있는 사업과 프로젝트에 대한 이야기가 아니라 일부러 강사의 성장 과정과 여러 계기 등 인생 이야기를 주로 듣습니다. 그래서 녹음과 녹화는 금지합니다. 저명인사로서의 입장보다는 한 사람의 삶, 가족 등 개인적인 이야기와

---

*일본어 발음으로 로컬은 로-카루, 모-카루는 발음상 모우케루(儲ける, 벌다)를 의미한다. (역주)

사업하면서 힘들었던 때의 이야기 등을 듣습니다.

　그렇게 하면 듣는 쪽도 친근감이 생겨 자기 자신과 겹치는 부분을 발견할 수 있고 자신의 가능성을 느낄 수 있기 때문입니다. 토크 이벤트를 통해서 '나도 도전하고 싶다'는 마음이 들도록 설계한 것입니다.

제3장

주목받는

로컬벤처와 직원

딸기 전문점 뮤우

로컬벤처는 사업형(일반 회사), 확대가족형(소수의 가족이 경영), 창업가형(개인사업)의 세 가지 유형으로 구분됩니다. 숲의 나무들은 그 형태에 따라 고목층(高木層), 중목층[아고목층(亞高木層)], 저목층으로 구분하는데 숲 자체를 수평적으로 보면 가지를 펼친 식물층으로 구분할 수 있고 각 나무의 층마다 숲에 필요한 역할이 있습니다.

이를 기업에 비유한다면 연간 수억 엔의 매출을 올리는 고목층이 있고, 같은 기업에서 일한 직원이 독립하여 창업하면 그 대부분은 우선 저목층과 같은 창업가형으로 시작하는 것이겠지요.

제3장에서는 이런 세 가지 유형의 로컬벤처와 숲학교에서 오랫동안 근무하고 있는 2명의 직원에 대해서도 소개하겠습니다.

창업의 진화

첫 번째 주자는 와타베 미카(渡部 美佳)입니다. 그녀는 한마디로 '딸기가 너무 좋아서 딸기 전문 케이크 가게를 만든 인재'입니다. 그녀의 딸기에 대한 애정은 절절합니다. 그리고 순도 높은 사업 동기와 강한 에너지를 가지고 있습니다.

와타베의 가게인 딸기 과자 전문점 '메종 후르츠'는 교토 가라스마오이케 역(烏丸御池駅) 근처에 있습니다. 매일 아침 가게를 열기도 전에 긴 줄이 늘어설 정도로 인기가 높습니다. 2003년에 이 가게를 열기까지 그녀는 제과 관련 경험이 전혀 없었다고 합니다. 승무원을 목표로 항공전문학교를 다녔는데 정규 직원 모집이 없어서 포기하고, 졸업 후에는 의류 회사와 인쇄 회사 등에서 일했습니다. 그 뒤에 기획과 디자인 일에 매료되어 관련 업무를 해왔습니다.

여러 업무를 경험하면서도 보람을 갖고 일하는 평범한 직원이었습니다. 그러던 그녀의 인생이 크게 변하는 사건이 일어났습니다. 그렇습니다. 딸기와의 만남입니다.

웨딩드레스 디자이너를 하던 친구가 "맛있는 딸기를 먹었는데 가게를 만들어 그 딸기를 팔고 싶다"라고 했습니다. 왠지 끌려서 문을 열기도 전에 가게에 가보았습니다. 딸기를 먹어보니 맛이 너무 좋았습니다. '지금까지 먹어 온 딸기는 무엇이었나' 할 정도의 충격이었습니다.

그즈음 디자인이 어느 정도로 소비자에게 통할지 모르는 불확실한 상태에서 그저 다음 일에 쫓겨서 일하는 자신의 상태에 대해 고민하던 와타베는 과감히 친구와 함께 가게를 열기로 결정하고 교토 센본도오리(千本通)에서 5평 정도의 가게를 시작했습니다. 딸기 맛이 살아 있는 심플한 과자를 만들기 위해 많은 시행착오를 겪었는데, 그래도 여전히 경험이 부족한 것 같아서 두 사람은 제과 학원에서 제과 기술을 배우며 레시피를 개발했습니다.

가게를 열고 한동안은 좀처럼 이윤이 남지 않았고 매출이 0엔인 날도 있었습니다. 주로 친구가 제조를 맡았고 와타베는 레시피를 개발했습니다. 백화점 납품과 판매를 담당하여 백화점 업무가 끝나면 제조에 합류하는 바쁜 나날이었습니다.

> 정말 죽을 것 같았습니다. 가게를 열고 4년 정도는 맛있는 딸기를 알아주었으면 좋겠다는 마음으로 필사적으로 노력했지요. 지방 백화점 특별 행사에서 코너를 열기도 하면서 매출은 서서히 늘어갔습니다.

디저트 업계는 유럽 유학을 하고 창업하여 주목받는 일이 대부분인데, 제과 학원에서 기본적인 기술을 익힌 정도의 수준에서 개인적으로 노력하여 인기 가게로 성장시킨 감성과 솜씨는 대단하다고 생각합니다. 그렇게 2011년 도쿄 긴자에 2호점을 열었지만 높은 임대료와 운반 기술 부족, 제품 품질 등이 만족스럽지 않아서 2년 만에 그만두었습니다.

창업의 진화

2013년에 교토에 돌아왔을 때 친구는 결혼 때문에 이사하게 되어 그만두었습니다. 가족 사정이라 달리 방도가 없었지만 그때까지 친구와 함께 해왔기 때문에 혼자 남는 것이 두려웠습니다. 그렇지만 딱히 달리 하고 싶었던 일도 없었고 '이젠 끝났구나' 하는 기분까지는 아니었기 때문에 후회하지 않기 위해 더 분발해보자는 생각으로 조직과 점포를 새로 바꾸었습니다.

조직을 법인화하고 2013년에 딸기 전문점 뮤우를 만들어 2014년에 지금의 가라스마오이케 역 근처로 가게를 이전했습니다.

어떤 선배 경영자가 "성장을 보여주지 않으면 사람들은 인정하지 않는다"라고 말했습니다. 그 말을 믿고 흑자전환까지 분발하자고 생각했습니다. 자신들이 옛날부터 살아온 지역에 새로운 인물이 들어오면 처음에는 '저 사람은 어떤 사람일까'라고 생각하겠지요. 그러나 흑자가 되면 보는 눈이 달라지는 일도 있습니다. 현실적으로 신뢰받을 수 있는 방법의 하나가 성과를 보여주는 것이라는 것을 배우게 되었습니다.

긴 기간 동안 2명이 해온 사업을 직원 없이 혼자 하게 되어서 처음에는 위축되었을지도 모릅니다. 그러나 그녀의 딸기 디저트는 한층 더 사람을 매료시켰습니다. 가게가 커지고 조리 가공의 선택지가 늘어 전국의 딸기 농가를 찾아다니며 계약했습니다.

계약 농가는 도호쿠(東北)에서 규슈(九州)까지 무려 50개소입니다. 각지를 돌아다니면서 '농가마다 다양한 딸기 품종이 있다. 그 다양성을 표현한 디저트를 만들고 싶다'는 내용으로 상품 개발의 관점이 바뀌었습니다.

딸기 상품 제조 아틀리에

와타베와 만난 것은 2016년 8월입니다. 와타베의 친구가 주최한 교토의 토크 이벤트에서 제가 강연할 기회가 있었는데 그곳에 그녀가 참가했던 것입니다. 저는 장어 양식 사업에 대해 이야기했고 "다음에는 장어 양식에 사용한 물을 활용하여 딸기와 토마토 등 농작물을 키워볼 생각이다"라고 말했는데 와타베는 그 말을 그냥 흘려듣지 않고, "어차피 할 거라면 딸기를 해봅시다"라며 다음 달에 니시아와쿠라에 시찰을 왔습니다.

수요에 비해 생산량이 부족해서 제조 거점을 새롭게 마련하고 싶었습니다. 니시아와쿠라가 정말 마음에 들었던 이유는 두 가지입니다. 하나는 에이제로 등의 지역협력체제입니다. 여기에 거점을 두면 상담할 수도 있고 일을 잘 진행할 수 있을 것 같다고 생각했습니다. 또 하나는 니시아와쿠라가 한랭지라서 여름에 정말 시원하다는 것이었습니다. 많은 딸기 재배농가와 이야기하면서 "나도 딸기를 키우고 있다고 말하면 이야기가 쉽게 풀리지 않을까"라고 느껴 여기에서 여름 딸기를 재배하겠다고 생각하게 되었습니다.

그 후 와타베는 마침 모집 기간이었던 로컬벤처스쿨에 지원했습니다.

교토의 각 지역에서 "우리 지역에서 사업을 해 달라"라는 말을 듣던 참이라 로컬벤처스쿨에 지원할까 말까를 상당히 고민했습니다. 사업 모색 단계가 아니라 이미 가게를 경영하는 단계였기 때문에 어느 정도 전망을 할 수 있는 상태였고, 마키 씨와 마키 씨를 소개시켜준 분에게 폐를 끼치면 안 된다고 생각했지만 최종적으로는 니시아와쿠라의 여러 '사람'들이 등을 다독여주어 '해보자'고 결심하였습니다. 이런 사람들과의 관계성 속에서 사업해보고 싶다는 생각이 든 것입니다.

와타베는 전국에서 수매한 딸기의 양이 점차 늘었기 때문에 저장 장소도 고민하고 있었습니다. 교토의 가게에 저장하면 임대료가 들고 그만큼 손님 공간이 좁아져서 임대료가 싼 곳에 저장하고 싶다고 생각한 것입니다.

우선 딸기를 저장할 수 있는 과자 제조 거점을 니시아와쿠라에 만들어서 상품 개발 사업을 시작하고 나중에는 딸기 재배까지 하겠다고 생각하게 되었습니다. 이러한 과정을 거쳐 딸기에 대한 강렬하고 순수한 마음과 행동력이 평가받아 지원 대상에 채택되었습니다.

"이 사람은 뭔가 해낼 거야"라고 선택되었지만 "그것을 누가 현지에서 실행할까" 하는 부분은 아직 해결되지 못한 부분이었습니다.

하지만 와타베의 사람을 끌어당기는 흡인력은 대단하였습니다. 스쿨의 최종일에 기적이 일어났습니다. 그녀가 "니시아와쿠라에서 신사업을 시작하기 위해 사람을 찾고 있다"라고 말하자 스쿨의 지역 참가자 동기생 중에 니시아와쿠라로 U턴 하고 싶다는 제과제빵사가 있는 것을 알게 되었습니다. 와타베는 그 사람을 면접하고 바로 채용했습니다.

채택 전에 보완하는 과정 속에서 면사무소 분들의 부서와 면면을 알게 되어 말하기 편하게 되었습니다. 면사무소 분들도 저의 성격과 생각을 알게 되었다고 생각합니다. 채택된 후에도 그 연장선상에서 이야기하고 하나하나 이야기하지 않아도 되어서 순조로웠습니다. 면사무소 분이 마을 주민과 연결해주었기에 큰 안심이 되었습니다. 그렇게 따뜻하게 지원해주서서 참가하길 정말 잘했다고 생각합니다. 이 위대한 계획은 니시아와쿠라가 아니라면 시작할 수 없었을 것입니다.

와타베는 2017년 5월 마을의 '아와쿠라 제철 마을'이라는 시설에 제조 아틀리에를 마련했습니다. 4명의 새로운 현지 스태프가 월 2,000~3,000개의 상품을 만들어 교토의 가게와 전국의 백화점에 보내고 있습니다.

브랜드 딸기 왕국 만들기

와타베는 정기적으로 교토와 니시아와쿠라를 오가며 계획을 조금씩 실천하고 있습니다. 로컬벤처스쿨에 채택되었기 때문에 마을이 지원하는 사업자로 인정받았지만 추가적으로 마을 위탁사업에도 채택되었습니다. 채택자로서의 의무는 4분기에 에이제로에 사업 경과를 보고하는 것입니다.

3개월에 1번 점검하는 것은 적절한 시스템이라고 실감합니다. 1년의 마지막에 면사무소에 최종 보고를 하기 전에 성과와 매출, 방법, 고용 상황, 애로 사항에 대해 직접 대화하러 갑니다. 방치해 두면 나태해지기 쉬우니까 정확하게 숫자 관리를 하며 필요한 서류를 모으면 정리하기 쉽습니다. 그렇게 3개월마다 보고하여 1년 후에 면사무소에 최종 제출하는 식의 과정은 정말 마음 든든합니다. 회사 경영이나 지역 사정에 대해서도 상담할 수 있고 연말에 허둥지둥할 필요가 없기 때문입니다. '나는 어떤 문제에 서투른가, 정신적으로 힘든가' 하는 것도 알게 되고 그런 점들을 소중히 여기며 움직이면 해볼 만한 일들입니다.

스쿨을 칭찬하는 말을 여기에 쓰는 것이 좋을지 어떨지 고민했지만 니시아와쿠라 주최 사업이니 로컬벤처 활동을 하고자 하는 사람과 지자체 입장에서 참고가 되면 좋겠다는 바람에서 그대로 소개했습니다.

지자체 사업이 지역의 실제 사업으로 연결되는 일에 대해 와타베는 이렇게 평가합니다.

솔직히 말해서 이제까지 지자체 보조금의 사용 방법에 대해 별로 인상이 좋지 않았습니다. 그렇지만 그것을 '살아 있는 돈'으로 만들자며 지역 주민들이 고민하는 것은 정말 좋은 본보기라고 생각합니다.

와타베는 딸기 생산과 판매 모두를 하고 싶어합니다.

품종을 만드는 것과 출하하는 것 모두 하고 싶습니다. 전자는 생산과 출하의 전(前) 단계로서 다루기 쉬운 품종을 만드는 것입니다. 후자는 요리사와 소비자에게 품종뿐만 아니라 계절마다 딸기 맛이 다르다는 것을 알려주는 것입니다. 예를 들어 1월에 맛있는 딸기와 3월에 맛있는 딸기를 동시에 비교하는 것은 어려운 일입니다. 품종별 사용 방법은 별로 연구가 없기 때문에 데이터를 공개하여 사용하게 한다면 좋겠다고 생각합니다.

와타베의 큰 꿈은 일본이 브랜드 딸기 왕국이 되는 것입니다. 농가가 안전하고 맛있는 딸기를 키워도 그렇지 않은 것과 같은 취급을 받는 일이 많은 상황을 바꾸고 싶다고 생각하고 있습니다.

호리타 농장

북쪽에서 활동하는 로컬벤처도 있습니다. 홋카이도 아쓰마정의 표고버섯 농장이며 로컬벤처이기도 한 호리타(堀田) 농장의 운영자 호리타 아쓰오(堀田 昰意)는 가업을 이은 후계자입니다. 이렇듯 로컬벤처는 이주자만 할 수 있는 것이 아닙니다.

호리타는 가업을 그대로 물려받는 데 그치지 않고 적극적으로 투자하며 규모 확대에 성공하였습니다. 현재는 세대 교체 중이어서 아버지로부터 서서히 물려받으며 2018년 중에 대표가 될 예정입니다.

주력 상품인 농작물은 원목재배한 표고버섯입니다. 매년 2월쯤 마을의 산에서 채취한 참나무 원목에 표고버섯 종균을 접종하여 비닐하우스에 겹쳐놓고 물을 주며 자극을 주어 균을 활성화시킵니다.

하우스 안의 온도와 습도 관리, 원목 뒤집어주기 등은 손이 많이 가는 작업입니다. 4~5개월 뒤에 수확하는데, 균상재배와 다르게 원목에 재배한 표고버섯은 섬유질이 꽉 차 있어 식감이 뛰어나고 꼬투리까지 먹을 수 있는 것이 특징입니다.

홋카이도의 겨울은 눈 때문에 밭일을 할 수 없기 때문에 겨울에 돈을 벌기 위해 할아버지가 버섯 재배를 시작했습니다. 그 재배로

엄청난 수익을 올린 시절이 있었고 아버지가 이어받아 표고버섯 생산만 했습니다. 제가 참여할 즈음에 생산량이 비교적 많은 균 상재배 쪽이 늘어나 원목 표고버섯의 시장 가격이 하락했기 때문에 무슨 수를 써야겠다고 생각했습니다. 그때까지 1년 쓰고 버리던 원목을 2년을 사용하는 등의 시도를 해보니 수확량이 10톤에서 12톤으로 늘어나게 되었습니다. 매출이 늘고 판로도 확대되었습니다.

시작부터 판매 센스를 발휘하여 순조롭게 매출을 늘려온 호리타의 성공 비결은 '평소 생각'이다.

어려서부터 산수와 수학을 잘했습니다. 아버지는 늘 가업을 이어야 한다고 말했지만 농업을 하고 싶지 않았습니다. 그렇지만 언제나 아버지가 "농업은 자기가 좋아할 때 하는 것이다"라고 입버릇처럼 하신 말씀 때문에 영향을 받은 듯합니다. 스무 살에 농사를 시작했습니다. 학창 시절에 매일 아르바이트도 했었지만 일이라는 게 일한 만큼만 버는 것이잖아요. '돈을 번다는 것은 무얼까'라고 생각하다가 '되겠다' 싶으면 바로 해버립니다. 농사 역시 마찬가지입니다.

단지 '벌고 싶다'는 마음만으로 움직였다고 합니다. 그러면서 서서히 "지역을 지원하고 싶다"라는 생각이 강해졌습니다. 호리타는 홋카이도 농업청년부협의회 임원으로 취임하여 자신의 농장은 물론 지역 전체 농업도 생각하게 되었습니다.

지금은 농업이 중요하다고 하면서도 지역 순환을 생각하지 않는 사람이 많은 것 같습니다. 수확하고 끝내는 것이 아니라 지속적인 지역 순환을 진행하고 싶습니다.

호리타는 그런 생각으로 표고버섯 외에 밭농사와 벼농사도 시작했습니다. 우선 마을에서 사용하지 않던 밭을 1.7헥타르 정도 빌려 무농약으로 재배할 수 있는 단호박부터 키우기 시작했습니다.

시행착오 끝에 순환 방법 중의 하나로 전답 순환을 생각해냈습니다. 2~3년 주기로 논과 밭을 번갈아 이용하는 방법입니다.

전답 순환은 홋카이도에서는 아쓰마정 일부 농가만 하고 있는 방법입니다. 논과 밭을 바꾸면서 미생물이 활성화되고 토양을 되살리도록 하는 방법이고 그렇기 때문에 매년 수확도 할 수 있습니다.

미생물을 순환시켜 지력(地力)을 활용하자는 것입니다. 땅과 유기물을 섞는 일도 합니다만 요즘 시대에는 전답 순환이 더 좋은 방법입니다.

단호박 재배를 시작했더니 지역 주민이 그 모습을 보고 "밭농사를 시작했구나"라며 밭을 더 빌려주었습니다. 기쁜 일이었지만 밭의 규모가 확대되었을 때 '더 이상 커지면 단호박과 벼농사밖에 할 수 없다'고 생각했던 것 같습니다. 밭이 논이 되었을 때 벼농사만으로는 미곡 수매가에 따라 수입이 좌지우지되기 때문입니다.

거기에 7년 전에 보리와 콩 재배를 배웠습니다. 지금은 표고버섯, 단호박, 쌀, 콩, 보리 외에 아쓰마정의 특산품인 하스카프(홋카이도에서 자생하는 베리의 일종), 아스파라거스도 재배하고 있습니다.

아이들이 커가기 때문에 안정적인 수입이 필요했습니다. 콩과 보리에도 시장의 가격 변동이 있지만 위험 요소들을 분산시켜 경영하고 있습니다.

꿈은 빵집 개업

새로운 일에 도전하여 유연한 사업을 전개하고 있는 호리타의 예상 매출액은 약 5,000만 엔입니다. 처음 시작했을 때는 1,000만 엔 정도였다고 하니 무려 5배입니다. 직원 체계도 정비하여 이전에는 표고버섯 재배를 위해 겨울에만 고용하던 시간제 근무를 일 년 내내 일할 수 있도록 정비하였습니다.

여름에는 다른 곳에서 일하고 겨울에 돌아오는 형태였지만 그런 방식 자체가 시간제 근무자에게 부담인 것 같습니다. 지금은 정시 근무 1명, 임시고용 6~8명으로 표고버섯, 단호박, 하스카프, 아스파라거스를 재배합니다.

호리타 씨는 지금도 수익을 계산하고 있을까요. 들어보니 "에이 설마요"라며 웃습니다.

저의 수익 계산법은 '괜찮아, 할 수 있을 거야' 정도의 대략적인 경영 감각입니다. 최근에는 '벌고 싶다'라는 생각이 '지역을 지원하고 싶다', '지역을 안정시키고 싶다' 등으로 진전되는 중입니다.

그 구체적인 구상은 농업 중심의 새로운 회사 설립입니다.

이후에도 농업을 중심으로 일하겠지만 이와 별도로 지역을 지원하는 의미의 법인 형태 회사를 하고 싶다고 2년 전부터 생각했습니다. 원목재배에 필요한 참나무를 안정적으로 확보하고 싶기도 합니다. 이 회사를 통해서—2011년 동일본대지진 전까지 일본 최대 참나무 생산지였던 후쿠시마에서 이제는 참나무를 구할 수 없게 되고 임업 종사자들도 고령화되었기 때문에—원목 채취자와 집하자 부족 현상을 해결하고자 합니다.

새로운 회사 설립에는 아쓰마정에서 실시하고 있는 로컬벤처 관런 사업 등을 통해서 만난 사람들로부터 자극을 받았다고 합니다.

예전에는 사업 내용을 계획하면 '답이 나온 뒤에 시작하지 않으면 안 된다'고 생각했습니다. 지금은 어렵게 생각하지 말고 '필요하면 우선 시작하여 작은 성공을 축적하면 된다'고 생각합니다.

평범한 표고버섯 재배자였던 제가 '산을 어떻게 해보고 싶다. 나무만 베는 것에서 끝내고 싶지 않다. 나무가 자라고 그것을 관리하여 베는 순환을 생각하고 싶다'고 생각하게 된 것은 모두 여러분 덕분입니다.

아직 계획 단계이지만 이제부터 즐겁게 하려고 합니다.

호리타에게 지역에 있었기 때문에 가능했던 것은 무엇인가 하고 들어보았습니다.

지역에는 무엇이든 있습니다. 단 (생산 단계의) 1차산업은 정말 사람이 부족합니다. 농가가 줄어들고 있습니다. 마을에 30가구 정도 있던 표고버섯 농가에서 지금 원목재배하는 곳은 저희를 포함해서 2가구 정도이고 균상재배를 포함해도 10가구도 되지 않습니다. 그래도 지역에는 무한한 가능성이 있습니다.

저는 빵집을 하고 싶습니다. 저희 집에는 쌀가루와 밀가루가 있고 커피도 좋아하기 때문에 빵을 선택한 것입니다. (웃음) 창업 아이디어라기보다는 단지 맛있는 식빵을 먹고 싶은 것이지요.

생활을 생생하게 상상해보고 그것을 만들고 싶다는 것뿐입니다.

　표고버섯을 시작으로 단호박, 쌀, 콩, 보리 등의 재배도 시작했다. 새로운 회사의 참나무 사업에 이어서 빵이라니. 참나무와 빵은 농업에서 파생된 사업이 됩니다. 호리타의 이야기를 듣고 있으면 스스로 즐기면서 자연스럽게 새로운 발상을 만들어가는 과정의 힘이 느껴집니다.

　호리타에게 로컬벤처를 시작하려는 사람에게 해주고 싶은 조언을 들어봤습니다.

　사물을 진지하게 생각하는 사람이 적을 수도 있습니다. 하지만 스스로 하고 싶어하는 사람도 많습니다. 특히 초보 영농자는 혼자 생각하여 혼자 결과를 내보려는 경향이 강합니다.

　그런 편이 나을 수도 있지만 농가뿐만 아니라 농업 전체를 생각해보면 어떨까요. 그렇게 생각해보면 어렵다고 생각하는 것에서 도망치지 않는 것이 중요합니다. 막상 해보면 의외로 간단하게 풀리는 경우도 있습니다. 모두 힘을 합치면 여러 일들이 가능하니까요.

　저도 혼자서는 할 수 없습니다. 혼자 생각하는 것은 경영 면에서 계산기를 두드릴 때와 컴퓨터에서 시뮬레이션하는 정도이고 다른 것은 시간제 근무자가 도와줍니다. 같이 생각하고 같이 행동하는 것이 최고입니다.

호리타는 혼자 떠맡으려고 하지 말고 직원과 주변 사람 등 여러 사람의 힘을 빌려 상의해야 성공할 수 있다고 말합니다. 그러기 위해 가장 중요한 것은 "여러 사람의 이야기를 듣는 일"이라고 합니다. 호리타 자신도 시간이 생기면 친구와 농협 직원을 만나러 가기도 하고 무료 강의와 세미나 등에 참가하여 새로운 일을 습득하려고 노력합니다.

정보를 입수하는 것이 중요합니다. 옛날에 농가의 대선배로부터 "정보는 무기다"라고 들었습니다. 그 선배는 앞을 내다보고 차분하게 생각하는 사람이었는데 제게 정보 수집의 중요성을 가르쳐주었습니다.

농업에 종사하고 있으면서 무료 강의와 세미나 등에 자주 참가하게 되면 가능성이 넓어져 길이 열리는 것입니다.

로컬벤처를 목표로 하는 사람들에게는 "1억, 2억 엔을 벌어봅시다"라고 전해주고 싶습니다. 불가능한 일이 아닙니다. 모두 함께 한 단계 위에 올라서고 싶습니다.

첫 로컬벤처, 공방 목쿤

이야기는 다시 니시아와쿠라로 돌아갑니다. 2006년에 목쿤이 설립되었다는 사실은 이 책의 앞부분에서도 소개하였습니다. 목쿤 창업은 저의 인생을 결정하게 한 터닝 포인트 같은 사건이었습니다. 목쿤을 설립한 대표 구니사토 데쓰야(國里 哲也)에 의해 저의 인생은 바뀌었기 때문입니다. 저는 지역재생 매니저의 3년 임무가 끝나면 마을을 떠날 예정이었지만 구니사토 씨를 만나고 그 후에도 계속 마을에 더 깊이 관여하게 되었습니다.

그 이전에 니시아와쿠라에서는 "이후에도 어떻게 자립해 나갈까", "마을이 어떻게 존재하는 게 좋을까"에 대한 논의가 거듭되고 있었습니다. 그 결과 대량생산·대량소비, 도시·공업단지 중심의 경제에 휩쓸려 피폐해진 산촌이 악순환에서 탈출하기 위해서는 '정반대 방향으로 향해야 한다'는 결론에 도달했습니다.

그리하여 '마음 산업(心産業) 창출'이라는 콘셉트가 만들어졌습니다. 이 콘셉트는 지역재생 매니저이자 아미타의 사장인 구마노 에이스케(熊野 英介, 현재 아미타 홀딩스 대표회장)의 호소로 시작된 지역주민들의 학습회에서 제시된 개념입니다.

사람과 사람의 마음의 연결을 풍요롭게 하고, 물건과 함께 마음을 전하여 가치를 창출해가는 지역경제와 그것을 확립하는 산업 방식을 의미합니다. '신산업'이 아니고 '심(心)산업'…. 心(일본어 발음 신)에는 森(일본어 발음 신)의 의미도 있습니다. 이것이 니시아와쿠라 목재 유통의 변혁에도 큰 영향을 끼쳤습니다.

그러나 콘셉트가 정해지고 매월 면사무소와 삼림조합 직원이 모여 회의를 해도 구체적으로 무엇을 할 것인가에 대해서는 좀처럼 결정하지 못했습니다. "모두가 마음 산업이라고 말하면서 누구도 그 콘셉트를 구현하지 못한다. 그렇다면 내가 해보겠다!"라며 33세의 젊은이가 나섰습니다. 당시 삼림조합 직원으로서 회의에 참석한 구니사토입니다.

지역이 멋지게 된다면 지역에서 파는 물건은 전부 사고 싶어질 것이다. 그것이 새로운 산업이 된다.

구니사토는 진심이었습니다. 삼림조합에 사표를 내고 그때까지 통나무 그대로 원목 시장에 출하하는 것이 관례였던 삼나무와 편백나무를 마을에서 최종 제품까지 생산하여 판매하자며 창업했습니다.

고용이 감소하는 산촌에 벤처기업이 생겨 고용을 창출한다. 그것은 정말로 획기적인 일이었습니다. 그대로 삼림조합에서 일했다면 생활도 가정도 안정적으로 유지할 수 있었지만 새로운 일에 몸을 던져 분발하는 그를 보고 저는 '무언가 도움되고 싶다'고 느껴 지역재생 매니저로서 함께하게 되었습니다.

2006년에 지역재생 매니저 사업은 종료되었고 2007년 이후에는 취미로 참여했습니다. 성공 사례가 나오면 반드시 이 마을의 미래가 바뀔 것이라고 생각했습니다. 자주 연락을 주고받는 창업 멤버와 교토에서 작은 합숙회를 열어 조직 경영에 대해 오랫동안 이야기를 했습니다.

경영자로서 초보자였기 때문에 회사 전체의 5개년 계획을 고민하고 있습니다. 경영을 배워가면서 사업 계획을 면밀하게 세웠습니다.

구니사토가 주목한 판매 시장은 어린이 대상의 보육 가구 및 보육 장난감 시장이었습니다.

할아버지가 심은 나무를 사용하여 우리집을 지었습니다. 우리 세대가 삼림 정비를 위해 애쓴다 해도 나중에 그것을 사용할 세대가 없다면 이어줄 수 없습니다. 현대의 많은 아이들은 흙을 만져보지도 못하는 생활을 하기 때문에 무구(無垢)한 나무를 접할 수도 없고 합판과 구별도 못합니다. 미래에 나무를 키우고 사용할 아이들에게 일찍부터 진짜 나무를 접할 수 있게 하여 나무의 좋은 점을 전해주고 싶습니다.

그가 제시한 콘셉트는 '숲에서 아이들의 웃는 얼굴까지'입니다. 숲 만들기에서 그것을 상품으로 만들어 손님에게 보내는 것까지 즉, 임업 경영과 공방 경영을 이어서 해보자는 시도입니다. 구니사토는 구마노 사장과 자금 마련에 대해 상의했습니다.

"임업 활성화를 위해 지역 목재로 물건을 만드는 회사를 만들고 싶습니다. 그러나 돈이 없습니다. 구마노 씨, 지원해주시지 않겠습니까. 단, 다른 사람에게는 말하지 말아 주세요"라고 말했습니

다. 엉망진창이었지요. (웃음)

구마노 사장은 미래를 보고 구니사토에 대한 지원을 검토했지만 당시 아미타는 상장 준비를 하고 있었기 때문에 출자할 수 있는 상태가 아니었습니다.

제가 가지고 있던 10만 엔을 자본금으로 회사를 만들었습니다. 혼자 사업을 할 수는 없으니까 설립부터 사람을 고용하여 급료를 지불해야 했습니다. 그런데 돈이 없다…. 최초의 좌절은 그것이었습니다. 자, 그럼 어떻게 할까.

그때 2개의 힘이 구니사토 씨를 지지해줍니다. 하나는 원래 직장이었던 삼림조합입니다. 자신의 고객을 빼돌려 퇴직하는 의리 없는 행동을 하고 싶지 않았던 구니사토는 담당하던 주 거래처에 퇴직 인사를 할 때 "앞으로도 산림조합을 잘 부탁드립니다"라고 이야기했습니다. 그중에는 "담당자가 구니사토 씨가 아니면 주문하지 않겠다"라고 말한 거래처도 있던 것 같습니다. 그때 솔직하게 삼림조합에 상담하자 흔쾌히 양해를 해줘서 바로 일감을 주는 고객이 늘어났습니다.

또 하나는 아미타입니다. 재생사업을 하던 아미타와 목쿤의 이념은 공통점이 있었기 때문에 아미타가 목재 재활용 프로젝트를 하는 목쿤에 발주한 것입니다. 목쿤의 프로젝트는 유치원과 어린이집에 벌목한 나무 등을 일정 기간 빌려주고 되돌려 받으면 다시 새것처럼 만들어 다른 시설에 빌려주는 것입니다.

아미타의 지역재생 매니저로서 저의 전임자인 노구치 히로시(野口洋, 현재 숲학교 비상근 이사)가 "발주 후에 전수금으로서 돈을 지불하면 출자금이 아니라서 문제가 없다"라고 사내에서 합의해줘서 발주가 진행되었습니다. 설립 다음 해인 2017년에는 아미타가 약 2,000만 엔을 출자하기도 했습니다.

  엄청 힘들었습니다. 그렇게 신세 진 분들 덕에 시작도 하고 조
  금씩 일감이 늘었습니다.

그 후 목쿤의 매출이 늘고 경영이 안정되는 과정에서 구니사토는 100퍼센트 주식을 보유하는 상태가 되었습니다.

돈으로 살 수 없는 지역의 스토리

사실 100년의 숲 계획은 목쿤의 사업 모델을 마을 전체로 확대해서 적용한 프로젝트입니다. 구니사토 일행이 그냥 벌목만 하면 채산성이 없으니까 벌목재를 목공품과 목공 가구로 일원화하여 산 주인에게 돈을 돌려줄 수 있었습니다. 구니사토의 도전이 100년의 숲 계획의 원형이 되어 협의회를 시작으로 지금의 로컬벤처 흐름을 만든 것입니다.

저의 창업으로 주위가 움직일 수 있을 것이라고는 단 한 번도 예상하지 못했습니다. 임업의 미래를 말로만 생각하지 말고 내가 할 수 있는 데까지 해보자고 결심한 것뿐입니다. 확실하게 제가 계기를 만들었다고 할 수는 없겠지만 다른 분들이 함께 움직여주어서 지금의 니시아와쿠라가 있게 된 것입니다.

일반적으로 삼림의 벌목 비용은 소유자가 부담합니다. 그러나 목쿤은 거꾸로 소유자에게 돈을 지불하였습니다. 벌목만으로는 채산이 맞지 않기 때문에 벌목 목재를 재료로 가구와 장난감을 만들어서 돈을 돌려준 것입니다.

사장의 업무, 산 주인과의 교섭, 목공 경영을 혼자 하니 힘들었고 인력이 부족했기 때문에 100년의 숲 계획을 들었을 때 '이것이야말로 도움되겠군' 하고 생각했습니다. 이념이 같으니까 외부 교섭은 면사무소에 맡기고 우리는 작업만 하면 되었습니다.

하지만 그렇게 간단히 진행되지는 않았습니다. 소유자와 교섭이 잘 진행되지 못했고 작업할 수 있는 곳이 좀처럼 나오지 않는 문제가 발생했습니다.

사실 5년 정도는 후회의 연속이었습니다. '조용히 조합에 다녔으면 좋았을 걸'이라고 몇 번이나 생각했습니다. 저의 집안은 대부분이 회사원으로 논밭을 조금 가지고 있는, 니시아와쿠라에서도 극히 일반적인 가정입니다. 자영업에는 하나도 연관이 없고 22살부터 삼림조합에 근무했기 때문에 자영업에 대한 감도 전혀 없었습니다. 삼림조합에서 하청받기도 하고 영업하러 마을 밖으로도 가면서 근근이 버텼습니다. 가가와현(香川県) 나오지마(直島)까지 직원이 총출동하여 벌초하러 간 일도 있었네요.

그 뒤 급작스럽게 발생한 2008년 글로벌 경제위기가 전환의 계기가 되었습니다. 당시는 토목 자재와 점포 집기 중심으로 사업을 운영했고 애초에 희망해왔던 유치원과 어린이집으로의 판로는 20퍼센트 정도에 불과했습니다.

어린이 대상 사업에 대한 노하우가 없었기 때문에 하나부터 차근차근 시작하며 영업하여 각지의 고객을 늘려갔습니다. 그러나 글로벌 경제위기 직후 점포 납품이 취소되는 등 갑자기 일거리가 없어졌습니다. 구니사토는 이런 시점에 '원래 우리가 하고 싶은 일은 무엇이었나' 하며 되돌아보았던 것입니다.

큰 위기이지만 새로 바꿀 기회이기도 하다. 원래부터 하고 싶었던 일에 주력하자!

구니사토는 그렇게 결심하고 직원과 분담하여 오사카 시내의 모든 유치원과 어린이집 약 220개 곳에 전화를 걸어 영업했습니다. 그

때 저는 니시아와쿠라에서 목쿤에 더부살이하며 일을 할 때가 많았기 때문에 모두 필사적으로 일했던 것을 생생하게 기억합니다.

이렇게 노력한 보람이 있어서 목쿤은 밑바닥부터 시작한 이후 2009년에 처음으로 흑자를 실현했습니다. 그리고 2011년 즈음에는 각 시설로부터 수주와 100년의 숲 계획의 일거리도 맡아 업무 실적이 안정되었습니다.

현재는 어린이 장남감과 가구 등의 사업과 100년의 숲 계획의 위탁 업무 비율이 7:3 정도입니다. 앞으로 100년의 숲 계획이 보다 활발해지면 5:5 정도가 되는 것이 목표라고 합니다. 직원들의 이상적인 업무 방식은 보통은 지역에서 일하고 눈이 쌓이는 겨울에만 외지에서 일하는 것이라고 합니다. 구니사토는 영업팀, 산에서 벌목하는 삼림정비팀, 목가공팀이라는 팀 체제를 구상하고 있습니다.

팀에 필요한 인원은 시기마다 다릅니다. 영업 담당자가 상황에 맞춰 삼림정비팀에서 일하기도 하고 연말에는 목가공 일이 바쁘니까 눈이 내려 산의 일이 줄어들면 목가공팀에 산팀이 가세하기도 합니다. 그렇게 하면 산에서 벌목하는 사람이 자신이 벌목한 나무가 최종 제품이 되는 것을 볼 수 있기도 하고 영업팀은 자신이 체험한 이야기를 고객에게 전해줄 수도 있습니다. 고객이 현장 이야기를 들으면 기쁜 일입니다. 그렇듯, 심하게 업무 영역에 대한 선을 긋는 것도 좋지 않은 일입니다.

현재 직원은 영업팀 4명(그중 1명은 도쿄 거주), 삼림정비팀 4명, 목가공팀 9명, 총무경리 1명, 구니사토까지 총 19명입니다. 니시아와쿠라 본사 이외에 도쿄 지사와 오사카 영업소가 있어서 구니사토는 항상 분주합니다.

고객에게 100년의 숲 계획에 대해 이야기를 한 뒤 "좋은 숲 만들기를 하고 있습니다"라고 하면 고객은 '내가 제품을 사용하면 숲이 좋아진다. 숲을 좋게 만든 나무로 가구가 만들어진다'라고 이해해줍니다.

로컬벤처에 대해서 구니사토 씨는 "발밑을 보며 가길 바란다"라고 이야기합니다.

창업은 대환영입니다. 단 단단히 각오하고 시작하면 좋겠습니다. 지역부흥협력대라면 받아들여야 할 부분은 받아들이면 그만이지만 창업을 할 때에는 꿈만 좇는 것이 아니라 손에 흙을 묻힌 3년 후의 사업 계획도 필요하지요.
지역 창업을 했어도 바로 도시로 떠나버리는 사람이 생기면 지역 주민들은 '(다음 사람도) 어차피 바로 돌아가버릴 거잖아'라고 생각하게 될 것이므로 조심해야 합니다.

구니사토는 각오를 했으니까 10년 이상 경영할 수 있는 것이겠지요. 지역의 장점에 대해서도 말해주었습니다.

50년 전에 할아버지가 집을 지을 때 사용한 나무의 일부가 아직 산에 남아 있어서 어제 벌목을 했습니다. 50년 전에 50년생이었으니 지금은 100년생이지요.

할아버지가 심은 나무도 있습니다. 100년이 지난 지금 손자가 그 나무를 거둬들이는 스토리를 알고 나면 재미있지요.

이 나무들을 전부 베지 않고 다음 세대에게 물려주고 싶습니다. 역사는 돈으로 살 수 없습니다.

그런 스토리가 있는 것이 지역의 장점입니다.

구니사토에게 최근에는 기쁜 일이 생겼다고 합니다.

도시에 사는 어떤 고등학생이 '임업에 종사하는 일을 목표로 정했다'라는 소식을 들었습니다. 그 학생은 고아원에 살면서 중학생 시절에 여행으로 니시아와쿠라를 방문한 적이 있습니다. 우리들이 산을 안내하여 벌목 체험을 했는데 도시에서 살던 그 학생에게는 그 자체가 충격이었던 것 같습니다.

"대학에서 임업 전공을 목표로 열심히 공부하고 있다"라는 말을 듣고 저는 마음속으로 함성을 질렀습니다. (웃음)

제가 은퇴하여 차를 홀짝거리며 마실 즈음이면 그의 변화되어 있을 모습이 보였던 것이지요.

니시아와쿠라의 번영을 염원하고 씨를 뿌리며 사명을 다하고 있는 나무마을 공방 목쿤. 앞으로 더욱 기쁜 소식이 들려오겠지요.

지역 장애인 공간

젊은이뿐 아니라 어른들도 분발하고 있습니다. 니시아와쿠라 출신으로 면사무소에 33년간 근무한 후 스스로 로컬벤처가 된 사람, NPO법인 주-쿠의 오하시 헤이지(大橋 平治) 이사장입니다.

오하시는 '농사를 하겠다'고 결심하고 2008년 3월에 면사무소를 조기 퇴직했지만 당시 지역재생 매니저사업 담당이었던 총무기획과 세키 마사하루(関 正治, 예전 오하시의 부하 직원)으로부터 고용대책협의회에 와 달라는 제안을 받았습니다. 면사무소 총무기획과장이었던 오하시는 행정기관의 사무에 정통했고 마을 주민들의 신뢰가 두터웠기 때문에 그 자리의 적임자였습니다.

오하시는 '지연과 혈연이 없는 이주자는 지역 주민과 접점이 없는 경우가 많다. 협의회 멤버에 지역 주민이 있으면 지역에서 문제가 발생했을 때 이주자보다 그 사람에게 이야기하기 쉽지 않을까. 그런 사람이 없다면 그 모든 것이 고통이 되어 면사무소에 갈 수밖에 없고 마찰을 일으킬 가능성도 있다'고 생각하였습니다.

그렇기 때문에 오하시를 특별히 뽑았지만 오하시 본인은 "설마 제가 이 자리에 선정되리라고는 생각하지 못했습니다. (웃음)"라고 말하면서 니시아와쿠라 고용대책협의회 사무국장을 떠맡았습니다. 업무 내용은 지역까지 일하러 올 사람을 모집하고 그 사람 대신 집을 준비하여 지원하는 활동이었습니다. 사력을 다한 결과, 오하시가 협의회에 근무한 3년 동안 20가족, 총 40명이 이주했습니다.

마을 외부에서 많은 사람들이 들어와서 창업하고 취직하는 모습을 보면서 자극받았던 것일까요. 어느 날 제가 "다음에는 무엇을 하고 싶은가요"라고 묻자 오하시는 마음속에 감추어 둔 뜨거운 열망을 이야기해주었습니다.

> 장남이 지적장애인입니다. 고등지원학교를 졸업하고서 일반 기업에 취직하여 집을 떠났지만 해고당해서 돌아오기도 하고 재취직을 해도 다시 해고되어 돌아오는 등 직업이 불안정한 시기가 있었습니다.
>
> 장애인은 일이 없으면 집에 있는 것 외에는 다른 방법이 없습니다. 동창생 등 친구와 의사소통도 안 되고 집에 틀어박히는 것이지요.
>
> 어느 읍면동이나 장애인은 있으니까 이 지역에도 그러한 사람들이 꽤 많을 것입니다. 이 문제를 어떻게든 해결하고 싶습니다. 장애인들의 소통 창구를 마련하고 건강하게 회복하도록 지원하여 미래에 대한 의지를 다지게끔 지원할 수 있는 근거지가 있으면 좋겠습니다.

이때의 일을 오하시는 "마키에게 바로 이야기했잖아요. (웃음) 면사무소에서 복지 업무에 대해서는 일체 관여한 적이 없었기 때문에 저에게는 큰 도전이었지만 입 밖에 낸 이상 '이건 하지 않으면 안 돼'라고 진지해졌습니다"라고 돌아봅니다.

당시 니시아와쿠라에는 장애인 대상의 복지시설은 없었습니다. 오하시는 "이제까지 머물 곳이 없었던 사람들이 모이는 장소, 일할 수 있는 환경을 만들자!"라고 주장한 것입니다. 2014년 5월 오하시는 취로지속지원작업소 플러스 워크 운영 등을 하면서 NPO법인 주-쿠를 설립합니다. 취로지속지원작업소는 취직이 어려운 사람에게 일할 수 있는 장소를 제공하는 곳입니다.

작업소 설립은 큰일이었습니다. 현청에 여러 번 방문하여 신청했습니다. 귀찮은 일이었지만 어떻게든 하면 됩니다. 복지조직 설립에서 가장 중요한 것은 지역 현실을 확실히 파악하고 무엇이 부족한지를 아는 것입니다. 필요 없는 것을 만들면 의미 없기 때문입니다. 또한 어떤 사람을 대상으로 할지, 지역 내에서 모으는 것이 가능한지 아니면 외부로부터 모을지를 고려해야 합니다. 저는 면사무소 일을 하면서 거의 모든 주민을 만났기 때문에 지역 현실을 잘 알고 있었고 인맥도 넓습니다. 그렇다고 해도 경영이 쉬운 것은 아니라고 느끼고 있습니다.

현재 NPO법인 주-쿠는 지역 기업으로부터 상자 접기와 옷감 재단 등을 수주하여 작업합니다. 제가 경영하는 2개 회사에서도 발주하고 있습니다. 숲학교는 마루 깔기·타일 목재의 틈을 퍼티로 메우거나 사포로 갈아내는 작업과 나무젓가락 검품, 젓가락 포장 등을 부탁하고 있습니다. 에이제로는 장어 양식 사업에서 수조 내 여과용 매트에 장어 사료와 배설물이 남기 때문에 그것을 세척하는 일을 매일 부탁하고 있습니다. 하루에 매트 100장 정도를 처리해주어서 정말 도움이 됩니다.

오하시의 사무실과 작업실은 에이제로와 마찬가지로 폐교 안에 있습니다. 사실 오하시는 이 초등학교의 졸업생입니다. 3명의 자녀도 이곳을 졸업했습니다. 부모와 자식이 다녔던 학교가 폐교가 되어 거기에서 일하게 되었으니 희한한 인연입니다. 원래 교실이었던 곳에 있는 작업소에서는 20~50대의 직원 모두가 즐겁고 화기애애하게 작업하고 언제나 활기찬 모습입니다.

현재 마을과 인근 지역에서 총 10명이 다니고 있습니다. 지적장애와 정신장애를 가진 사람들입니다. 큰아들은 마을 기업에 취직했는데 그곳이 마음에 들어 오랫동안 근무하고 있어서 이곳에 있지 않기는 하지만, (웃음) 그들이 있을 장소와 일할 장소를 마련하게 되었습니다.

여러 사람이 일하는 장소이기 때문에 효율적으로 진행되지 않는 일도 있습니다. 그러나 일을 수주를 받은 이상 확실히 일해야 하므로 지도원이 직원에게 주의를 주는 일도 있다고 합니다. 그렇지만 그

창업의 진화

들을 돌보는 오하시는 너그럽습니다.

　　직원들에게는 그들 나름의 속도가 있습니다. 저는 그들의 속도
를 존중하면서 착실하게 해보자고 독려합니다. 직원마다 잘하는
분야를 알 수 있게 되기 때문에 소질 있는 작업과 좋아하는 작업
을 구분하여 배정합니다. 하청 작업이 많아서 물론 소질 있는 것
만 할 수 있는 것은 아니지만요.

　이렇게 지역의 가능성을 발굴하고 있습니다. '거기에 있는 사람들
로 가치를 만드는 일'이 로컬벤처의 중요한 방식 아닐까요.

생활 가능한 장소 만들기

　오하시가 사업을 시작할 때 특히 고민했던 것은 직원을 확보하는
일이었다고 합니다. 왜 그랬을까요. 작업소는 A형과 B형 사업소로
구분합니다. A형 사업소는 직원과 고용계약을 체결하고 각 지자체
가 정한 최저임금을 보장합니다. 그러나 B형 사업소는 고용관계 없
이 작업에 대한 공임만 지급합니다.

　오하시는 '언제나 누구라도 오게 하고 싶다'고 생각했기 때문에 일
부러 B형 사업소를 선택했습니다. A형 사업소는 어느 정도 작업을
할 수 있는 사람이 아니면 이용할 수 없고 장애 정도가 심한 사람이
다닐 수도 없습니다. 그래서 작업한 만큼 공임을 지불하는 B형 사

업소를 운영하게 된 것입니다. 사업소는 급여를 지불하지만 조직의
수입은 직원의 근무 일수에 따라 계산합니다.

　　장애인과 그 가족은 장애 사실을 지역에 알리는 경우도 있고 숨
기는 경우도 있습니다. 어느 지역에 어떤 장애인이 있는지 행정 당
국으로부터 정리된 정보를 받을 수는 없습니다. (데이터가 없으니)
찾아가서 권유할 수도 없고 그저 찾아오기를 기다리는 수밖에 없
습니다. 시간이 남거나 일할 곳을 찾는 장애인들이 있는데도 말입
니다. 무리하게 데려오진 않지만 그런 장애인들을 집 밖으로 불러
내는 방법을 생각해봐야 합니다.

　그런 고민 때문에 오하시는 2017년 4월에 상담지원사무소 '커넥
트(connect)'를 설립했습니다. 이 사무소는 면사무소에서 위탁받아
시설 이용 장애인 또는 이용을 희망하는 장애인의 상담과 지원 계획
을 세우기 위해 마을의 장애인 집을 방문할 수 있습니다.
　우선 그들의 어려움을 듣고 가능한 방도를 계획으로 세워 면사무
소에 전달합니다. 그런 과정을 통해 장애인이 마음을 터놓는다면 외
출도 가능해집니다.

　　상담지원사무소를 만들고 나니 일하기 편해졌습니다. 시설에
가느냐 마느냐는 본인의 선택이기 때문에 우리들은 소개 정도밖
에 할 수 없지만 이제까지 보이지 않았던 장애인의 존재를 알게 되

었습니다. 될 수 있는 한 많은 사람이 집 밖에서도 있을 수 있는 곳이 생겼다고 생각하면 좋겠습니다.

오하시에게는 든든한 스태프가 있습니다. 차남 오하시 요시히사(大橋 由尙)입니다. 니시아와쿠라에서 자라고 대학 졸업 후에는 고베 시내의 고령자 복지시설에 취직했지만 주-쿠를 설립할 때 마을에 돌아왔습니다.

조기교육 즉 장애가 있는 어린이가 사회적으로 자립하게끔 조기 치료와 교육을 해야겠다고 느껴서 요시히사는 2018년 6월에 새로운 사업을 시작합니다. 장애 초등학생부터 고교생을 대상으로 방과 후 데이 서비스(day service)를 하는 'Awesome!(어썸)'입니다. 장애 어린이들이 방과 후와 긴 연휴 중에 다니며 즐겁게 지내는 장소를 만들기 위해 마을의 민가도 빌렸습니다. 여기에서 놀이와 공부를 할 예정입니다.

지금 오하시에게는 꿈이 있습니다.

장애인의 부모가 노인요양원에 가거나 돌아가신 후에 그 사람이 생활할 수 있는 시설이나 그룹홈(group home)과 같은 기반을 만들고 싶습니다.

부모에게 무슨 일이 생기면 현실적으로 장애 어린이는 같은 장소에서 그대로 생활하기 어렵습니다.

돈이 많이 들겠지만 그래도 그들을 위한 시설을 만들고 싶어요.

지금은 퇴직금으로 버티며 활동하고 있고 아직 급여도 못 받는 상태이지만 꼭 만들고 싶습니다.

아이들뿐만 아니라 지역에 큰 애정을 불어넣는 오하시는 '마을 선두에서 달리는 멋진 아저씨'입니다. 그의 뒷모습을 많은 젊은이들이 보고 있겠지요.

제재소의 신입 직원

제3장의 서두에서도 설명했지만 경영자만 벤처가 아닙니다. 사내에서 벤처 마인드를 가지고 새로운 사업 형태를 해나가는 직원도 로컬벤처입니다. 숲학교의 니시오카 후토시(西岡 太史, 현재 유통부 부장)와 제재소장 가도쿠라 시노부(門倉忍, 현재 부사장)는 힘들고 혼란스러웠던 창업기에도 회사의 사정을 받아들이고 불만 없이 헤쳐나간 믿음직한 직원들입니다.

어머니가 니시아와쿠라 출신인 니시오카는 효고현 히메지(兵庫 姬路)에서 나고 자랐습니다.

어려서부터 매년 한두 번 성묘하기 위해 니시아와쿠라에 왔었습니다. 친척도 없고 장남이기도 해서 언젠가는 니시아와쿠라에 돌아가자고 생각은 했었습니다. 그렇지만 (내가 할 수 있는) 시공 부문의 일거리가 없으니 돌아가는 건 어렵겠다고 생각했습니

다. (웃음)

고등학교 졸업 후 오사카에서 전시회 설치 운영 및 이벤트 현장의 장식 일을 했지만 그에게서 니시아와쿠라 이야기를 들은 아내 마이코(真生子)가 부지런히 정보를 체크하며 숲학교의 구인 소식을 발견하고 알려줘서 면접을 보게 되었습니다. 제조 부문을 만든 2010년의 일이었습니다.

당시 저는 29살이었고 특별히 나무에 관심도 없었습니다. 실패한다면 기왕이면 젊을 때가 좋지 않을까, '급여가 적어도 니시아와쿠라에서 사람을 구한다는 사실 자체가 신기하니 한 번 가보자!'라고 생각하여 응모했습니다. 구인 내용은 목재 가공의 제조 라인 근무라서 제가 해본 적 없는 일이었습니다. 그렇지만 뭔가 만든다는 점에서는 이전 직장에서 하던 일과 유사한 면도 있었습니다. (웃음)

52세의 가도쿠라는 가나가와(神奈川)에서 제조업 분야의 물건 만들기(모노츠쿠리)*를 30년간 했고 메이커 공장 관리와 품질 관리를 했습니다. 그러나 대량생산과 대량소비 위주의 제조업에 한계를 느

---

*'모노츠쿠리'는 1990년대 후반부터 기업과 매스미디어 등에서 급속하게 사용하기 시작한 용어로서 일본의 제조업과 정신력의 역사를 의미한다. 일본의 전통문화와 고유문화에 원천이 된 것을 표현하는 일종의 사관(史觀)이다(출처: 위키피디아). (역주)

껴서 중국 현지법인을 설립했습니다. "제조업을 지도하고 사회 공헌을 하고 싶다"라며 취임했지만 빈부 격차가 큰 사회구조의 딜레마에 빠져 2년 전에 귀국했습니다.

　기술을 살려 사회 공헌을 할 수 있는 장소를 모색하던 중에 '과소화지역에 가면 좋지 않을까'라고 생각했던 것 같습니다. 인터넷에서 숲학교 생산관리자 모집 공고를 보고 면접을 보러 왔습니다.

　　구인 내용과 나의 제조업에 관한 사고방식이 일치하기도 하고 나무를 활용하여 부가가치를 높이고 숲의 재생과 연결한다는 비전에도 공감했습니다. 중국에 근무하면서 불편한 생활에는 익숙해졌기 때문에 시골 생활에 대한 저항감도 별로 없었습니다.

　　다만 걱정되는 것은 판로가 있는가 하는 부분이었습니다. 마키로부터 벌목을 이용하여 사무실 내장재와 나무젓가락 등을 만드는 사업을 생각하고 있다는 이야기를 듣고 '재미있겠군, 정말 일본 사회에서 받아들일 만한 이야기야'라고 생각했지만 '그게 사실이라면 왜 이제까지 누군가 하지 않았을까'라며 반신반의한 부분도 있었습니다.

　가족은 가나가와에 남고 가도쿠라는 단신 부임으로 이사했습니다. 그는 니시아와쿠라로 향할 때 가족과 두 가지 약속을 했다고 합니다.

하나는 몸이 상하면 돌아올 것, 또 하나는 3년 이내에 회사를 흑자로 만들지 못하면 도움도 안 되고 방해되는 것이니 돌아올 것이었습니다.

2010년 9월 기이하게도 두 사람은 같은 날 입사했습니다.

방치된 공장은 있지만 기계와 목재에 능통한 사람이 없었고 이 제부터 제재소를 만들자는 정도의 초기 단계였기 때문에 놀랐습니다. 입사 당일에 마을을 안내받았지만 다음 날부터 할 일이 없었으니까요. (웃음)

속은 것이 아닐까 하는 생각도 했지만 회사로서도 예정된 거래가 갑자기 없어지고 큰일이었습니다. 어떤 준비를 하고 있는지 알려주지도 않았고 처자식을 데려왔기에 '할 수밖에 없다. 할 수 있는 일이 있겠지'라고 막연한 생각만 했습니다. (웃음)

뚜껑을 열어보니 만들 물건도 판매처도 없었습니다. 그렇지만 여기에 온 것은 내 책임이고 급여를 받는 이상 공장을 세워서 생산을 늘리고 돈을 벌지 않으면 안 된다고 생각했습니다. 마키의 비전에 맞춰서 무슨 일을 할 수 있을까, 생각을 어떻게 실현하는가가 직원이 할 일이라고 생각했습니다.

두 사람은 가족에게 사정을 이야기하지 않고 제게 불만도 제기하지 않고 열심히 일했습니다. 처음 일은 사무소 공간과 휴게실 만들기였는데 그마저도 누가 시킨 것이 아니라 스스로 나서서 시작한 일이었습니다. 그 후 제가 "이러이러한 것이 좋겠다"라고 말하면 시제품을 만드는 일을 계속했습니다.

경험이 있는 것도 아니어서 처음에는 여름휴가 때나 하는 자유연구 같은 쉬운 일이었고 손 감각도 엄청 무뎠습니다. 목재 지식이 있는 사람들이 모인 팀이 아니어서 노하우도 없었습니다. 제 자신이 스스로 할 수 있는 것은 무엇이고 할 수 없는 것은 무엇인지도 알 수 없었습니다. 이벤트 행사장 등에서 한정된 기간만 일을 해왔기 때문에 제조업 분야의 미경험자라는 것도 큰 문제였습니다. (니시오카)

그 후 공장에서 목재 가공에 필요한 설비를 선정하고 조사하는 것이 그의 역할이 되었습니다.

좋은 조건의 물건을 조사하는 데 재능이 있어서 이 일을 받아들였지만 이것도 처음에는 둔하여서 컴퓨터로 '제재기'라고 히라가나로 입력할 정도였습니다. (웃음)

기계 설비와 목재 감별에 대해서는 스스로 조사해보고 회사 밖의 사람에게 "잘 몰라서 그러는데 가르쳐 주세요"라고 상담받기도 하고 잘 아는 사람을 소개받기도 했습니다.

니시오카 일행은 목재 시장 등에도 얼굴을 내밀고 조금씩 인맥을 쌓아갔습니다. 그렇지만 젊은 니시오카가 정작 현장에서 들었던 말은 "지금 목재 가공을 하려고? 그만 두게"라는 말이었습니다. 사양산업인 목재산업 부문에서는 '이 직업을 자식에게 물려주고 싶지 않다'고 생각하는 사람들이 많았습니다.

처음 2, 3년은 불안감에 초조했어요. 분발하지 않으면 가족에게 면목 없다는 생각도 했습니다. 결국 거기에 계속 있던 것은 나니까 시간이 흐르면 내 탓이라고 생각하게 되지 않습니까. '무언가 하지 않으면 안 된다. 모두가 포기하고 누구도 하지 않을 때 기회가 있다. 성과를 내고 싶다!'라는 마음의 변화도 있었습니다.

회사가 진전하기 시작한 것은 틀림없이 이들이 현장에서 분투해주었기 때문입니다.

신제품 개발

쇠퇴해가는 목재 가공 업계에 새로이 뛰어들었기 때문에 이 분야의 대선배들과 경쟁하면 이길 수 없습니다. 그래서 '경쟁을 피할 수 있는 새로운 시장을 개척하자'는 것을 목표로 정하고, 2009년 회사 설립한 지 2년 후에 벌목재를 사용한 마루 깔기 타일 개발과 나무젓가락 사업을 시작했습니다.

마루 깔기 타일은 임대주택에 깔기만 하면 되는 마루 바닥재입니다. 원래 목재 판매는 신축 주택을 대상으로 하는 것이 기본이라서 임대주택 대상의 상품을 만들면 경쟁을 피할 수 있는 새로운 시장이 생길 것이라고 생각한 것입니다.

저는 아무런 근거도 없이 "할 수 있다"라고 말했습니다. 물건을 만들 수 있다면 수익을 낼 가능성이 높습니다. 하지 않으면 생기지 않는다. 누군가 "할 수 있다"라고 말하지 않았다면 시작할 수 없었을 겁니다. (가도쿠라)

처음에는 마루 관련 상품을 만들어 판촉 활동을 하며 반값 정도 가격에 "써보세요"라며 간사이(関西) 지역과 오카야마(岡山), 히로시마(広島) 지역의 공무점에 영업을 했습니다. 그랬더니 조금씩 소문이 나기 시작했습니다. (니시오카)

나무젓가락 사업은 더욱 힘들었습니다.

나무젓가락 제조 기계가 들어오지 않아 좀처럼 진척이 없어 제휴 거래처가 나무젓가락을 개발하는 도야마(富山)까지 견학을 가보니 어처구니없게도 아직 개발되지 않았습니다. 이러면 1년이 걸려도 완성되지 않는다고 판단했습니다.

이때에 가도쿠라는 "사람을 믿는 것이 나쁜 것은 아니지만"이라며 배려하면서도 처음으로 저에게 "리스크 관리가 되지 않고 있다"라고 충고했습니다. 많은 직원이 모인 상황을 걱정스럽게 이야기해준 것입니다. 그로부터 가도쿠라 일행은 분투하여 나무젓가락을 만들고 있는 전국 각지의 제조 공장을 방문했습니다. 그렇지만 기술까지 전수해주는 곳은 좀처럼 없었습니다.

전국을 돌며 나무젓가락 사업에 대한 정보 수집과 취재를 한 결과, 너무 어려운 사업이라는 것을 알게 되었습니다. "그만두는 것이 좋다"라는 충고도 있었지만 막상 그런 말을 들으니 '해보자!'는 생각이 들었습니다. 지는 것을 싫어하는 근성이 꿈틀거린 것이지요. (웃음) 나라 요시노(奈良 吉野)에서 예전부터 나무젓가락을 만드는 회사에는 몇십 번을 갔습니다.

열의가 전해진 것인지 협력해주겠다는 업체도 나타났고, 낡은 설비를 제공해주고 밖으로는 알려주지 않는 기술도 가르쳐주겠다는 사람도 등장했습니다. 2011년의 일입니다. 우여곡절 끝에 물건을 만들어 아직 충분한 거래처도 없는 상태였던 때에 일어난 것이 동일본대지진이었습니다.

"애써 만든 것이 있으니 추위를 견디는 용도로 사용하게 하자"라고 하여 피해지 지원의 일환으로 마루 깔기 타일 1,000상자, 나무젓가락 수만 개를 지자체와 개인이 싸게 구입하는 형태로 기부했습니다. 이 물품들을 가설 주택과 피난소에서 사용했고 사용처까지 알려졌는데 더 완성도를 높여서 일반 소비자에게도 판매하게 되었습니다. 양산을 위한 기계를 기계실과 함께 만들어서 길이 열리기 시작했습니다.

니시오카는 업무를 하면서 "손놀림이 빨라졌다"라고 말합니다.

어느 정도 손에 익히면서 좋은 감각을 배웠습니다. (웃음) 또한 부하로서 상사가 판단할 수 있는 재료를 얼마큼 모으는 것도 중요합니다. 제가 보고 있는 것은 한 수 앞이지만 가도쿠라는 세 수, 네 수 앞을, 마키는 더 앞을 보고 있으니까 "사실은 이렇게 되어 있고 어떤 방향으로 가야 합니까?"라고 제안하는 것처럼 하고 있었습니다.

부도 위기 극복

상품은 조금씩 팔리기 시작했지만 정말로 시대 변화 속도와의 싸움이었습니다. 일본 각지의 제재소가 점점 망해가고 있었습니다. 싼 수입재에 의존하는 대량생산·대량소비의 세태에 우리도 끌려가는 형국이었습니다.

2012년에는 경영 상태가 악화되어 속속 직원들이 그만뒀지만 니시오카와 가도쿠라는 꿋꿋이 일했습니다. 저도 부도를 각오한 순간이 있었음에도 불구하고 현장에서 땀을 흘리는 직원들에게 감사하고 있습니다.

살아남기 위해 채산을 생각하여 나무젓가락의 사업 규모를 축소하고 마루 깔기 타일을 중심으로 한 내장 사업을 특화하는 길을 모색했습니다. 또한 회사 설립 당초에 계획하고 있던 로컬벤처에 연결되는 인재 육성 등의 부분도 일단 보류하였습니다.

나무로 비유하자면 가지가 너무 무거워 줄기가 부러져서는 안된다고 생각했습니다. 우선은 든든한 기둥을 만들지 않으면 회사가 망한다. 살아남기 위해서 필사적이었기 때문에 숨 막힘조차도 느끼지 못했던 것입니다. '우리가 보통의 목재상이 되어버렸잖아! 애초의 결심은 어디 갔어! 이대로 가면 죽어!'라는 위기감이 있었습니다. 회사는 엉망진창이었지만 희한하게 가능성도 느꼈습니다. (니시오카)

'그만두자, 도망치자'라고 생각한 적은 없습니다. 설령 부도가 난다 해도 저는 마지막까지 남아서 정리하자라고. 그렇지만 그렇게 하기는 싫으니 '그렇게 하지 않겠다! 그렇게 시키지 않는다!'라는 근거 없는 자신감이 있었습니다. (가도쿠라)

소량 다품목으로 촌내에서 최종 제품을 생산하여 판매하고 폐목재는 바이오매스 연료로 해서 할 수 있는 한 각 상품의 출하처를 만들고 공장을 안정적으로 가동하려고 노력했습니다. 이렇게 하면 대량생산·대량소비 시장에 휘둘리는 일 없이 문제가 해결됩니다.

2014년 숲학교 운영은 흑자로 돌아섰습니다. 가도쿠라는 "아내와 약속한 대로 3년 안에 흑자를 만들고 싶었지만 조금 넘겨버렸네"라고 말했지만 저에게는 기적 같은 부활이었습니다.

지금 숲학교는 B2B(Business to Business, 기업 간 거래) 부분이 매출의 80퍼센트를 차지하고 있습니다. 거래처들은 도쿄, 오사카, 지바, 효고, 오카야마 등의 인테리어 회사, 대기업, 지자체가 많습니다. 매월 주문이 있는 곳이 30개소 정도입니다. 공공시설과 대규모 목조 시설 등의 마루, 벽, 천장 등 내장재 주문에 납품하고 있습니다. 나머지 20퍼센트는 B2C(Business to Customer, 일반 소비자 대상 판매)로 온라인쇼핑 등으로 판매하고 있습니다.

주문 속에 두께와 길이 등의 맞춤형이 30퍼센트를 차지합니다. 벤처이기 때문에 소비자가 원하는 물건을 전부 만드는 것이 당연합니다. 수익을 올리기 전에는 어떤 물건이라도 만들어보자는 마음가짐으로 일했습니다. (가도쿠라)

대량생산에 비해 우리 제품의 시장 가격은 비싸지만 니시아와쿠라와 임업을 배경으로 한 스토리가 평가받는 것 같습니다. "안심하고 받을 수 있다", "보통의 국산 상품과 다르다는 것을 건물주에게 전달하고 싶다. 다른 제품과의 차별화가 있다"라는 말을 듣고 있습니다. (니시오카)

벌목은 산의 상태, 나무의 성장 상태, 벌목재를 어떻게 할까 하는 것에 따라 방식이 달라집니다. 벌목하기 위해 고른 나무는 '우세목', '준우세목', '개제목', '열세목' 등으로 분류합니다. 벌목 방식에 따라 고르는 나무도 달라집니다.

가공하기 쉬운 나무만 자른다면 균형이 깨집니다. 효율에만 급급해 대량생산하는 것입니다. 우리는 그렇게 하지 않습니다. 숲 전체에 어느 정도 가치를 부여할 것인가를 설립 목적으로 했기 때문에 열세목 등 옹이가 많은 나무도 할 수 있는 한 최대한 정성스럽게 퍼터(메꿈 재료)로 메꿉니다. 이런 부분에 대해서도 나름대로 좋은 평가를 받고 있다고 생각합니다. (니시오카)

일을 기쁨으로, 회사를 선두주자에게

일본 가옥에는 대부분 수입산 나무를 사용합니다. 주택 가구는 싼 가격 때문에 점점 수입산 나무로 대체되고 있습니다. "국산 자재로 지은 집에 살고 싶다", "할아버지 산의 나무로 집을 짓고 싶다"라고 생각해도 업계 구조상 그렇게 하긴 어렵고 수입산으로 짓는 편이 훨씬 저렴합니다. 옛날에는 당연한 것처럼 여기던 일이 점점 불가능해지는 것입니다.

그런데 2016년 즈음부터 유통과 코디네이터 분야에도 착수했습니다. "목재에 관한 것이라면 전부 공급할 수 있습니다"라는 소규모

회사와 거대 공장의 중간 입장과 "저 회사라면 어떻게 하든 해준다"라고 생각할 수 있는 존재가 되고 싶습니다.

자신이 기른 채소나 아는 곳의 식자재는 애착이 가지 않습니까. 나무도 마찬가지입니다. 우리 제품이 그렇게 되길 바라고, 다른 회사가 할 수 없다면 우리가 한다! 재료 공급에서도 마을 규모에 맞게 될 수 있는 범위에서 최대한 가치를 높여 상품을 만들고 소비자가 기쁘게 사용하도록 하고 싶다. 그리하여 회사가 정상화되면 다른 지역도 그 지역에 맞는 방식을 발견할 수 있다. 지역에 맞는 규모로 하고 싶은 일을 하는 선두주자가 되고 싶다고 생각하고 있습니다. (니시오카)

제5장에 소개할 니시아와쿠라 촌립어린이집 신축 건물은 모두 마을의 삼나무와 편백나무를 사용하여 지었습니다. 숲학교가 목재의 조달과 관리를 담당하고 다듬기와 가공은 할 수 있는 것은 하고 큰 기둥 등 하기 어려운 부분은 협력 회사에 의뢰하였습니다.

니시오카는 그곳에 자기 아이들이 다니는 것을 꿈꾸고 있습니다.

B2B가 많았기에 지금까지는 우리의 제품을 마을에서 보는 것이 대부분이었습니다. 마을 아이들이 나무를 만지는 것을 보면 기쁘지요. 지금 드디어 기반이 갖추어져 '이제부터 시작이다. 강 위로도 강 아래로도 좀 더 넓혀 나가자'라고 느끼고 있습니다. 긴

창업의 진화

시간이었지요. 약 8년이 걸렸습니다.

현재 가도쿠라가 자신의 후임으로 생각하는 사람은 니시오카입니다. 그는 직원들에게 지시할 때에도 사고방식을 공유하고자 노력합니다.

사고방식을 공유하면 매일 소소한 일을 지시할 필요가 없습니다. 시간은 걸리더라도 그런 상태가 되면 팀은 성장합니다. 앞으로도 나무를 다루면서 큰 꿈을 실현하는 것이 저의 임무라고 생각합니다.

여기까지 오게 된 원동력은 무엇이었는지 물어보았습니다.

직장인으로서 성실히 임무를 수행하고 싶었습니다. 보통 사람이 조직의 일원으로서 전력을 다하는 곳을 만들고 싶었습니다. 저의 꿈은 덜렁거리는 직원입니다. 그렇게 되고 싶어서 직장 생활을 합니다. 모두가 하지 않는 일을 공부하기도 하고 업계에서 한눈에 뛰는 존재와 기술·영업·공장의 핵심이 되는 인간이 되면 직장인으로서 잘 살아갈 수 있습니다. 또한 국산 재료의 무구한 장점을 좀 더 많은 사람들에게 알리고 싶습니다. 그것이 숲의 재생과 지역 활성화로 이어진다면 제가 이곳에 온 목적인 사회 공헌도 달성하게 됩니다.

두 가지가 있습니다. 하나는 회사가 수익을 올리는 재미인데 수년 전부터 원목 시장에서도 인정받게 되었습니다. 자주 "돈 좋아하네"라는 말을 듣지만 (웃음) 이런 것도 기쁨 중의 하나입니다. 중규모의 제재 공장에서 당당하게 월급을 받으면서도 "건실해 보이지만 어떻게 운영이나 제대로 되는 회사냐"라는 말을 들은 적도 있습니다. 또 하나는 매출 외에도 이런저런 일을 기쁘게 해온 것입니다. 창업해서 하고 싶은 것이 명확한 사람들을 부럽다고 생각한 적도 있습니다. 그러나 저도 지지 않습니다. (웃음) 서투름 속에서 목표가 보이니까요. 이제는 '회사가 이렇게 되면 좋겠다!'는 방향성도 조금씩 보이기 시작했습니다. 시작할 때의 굳은 결심이 중요한 것이 아니라 해나가는 과정 속에서 재미를 느껴가는 것입니다.

이렇게 동료와 함께 도전해온 것에 대해 감사한 마음밖에 없습니다. 그리고 나는 창업가, 그들은 직원이라는 느낌이 아니라 그들이야말로 로컬벤처라고 생각합니다. 회사의 수단이 되는 것이 아니라 그 사람다운 생존방식을 중심으로 이루어지는 것이 로컬벤처의 매력입니다. 그들의 로컬벤처 마인드는 앞으로 로컬벤처를 목표하는 사람에게 정말 귀감이 될 것입니다.

창업의 진화

제4장

지역경제의
다양성과 밀도

고향납세로 만든 마을 응원단

장어 양식으로 시작된 자연자본주의 사업, 로컬벤처를 육성하고 지원하는 로컬벤처 지원사업에 이어서 에이제로의 세 번째 사업은 고향납세·지역상사 사업입니다. 지역과 지자체의 팬 만들기를 지속할 수 있는 틀을 만드는 사업입니다. 특히 고향납세 제도가 그 틀을 만드는 데 유용한 수단이 된다는 것에 착안했습니다.

고향납세는 지역과 지자체가 직접 마케팅을 잘해서 지역에 흥미를 가진 사람과 고향을 떠나 살고 있는 사람들에게 정직하게 지역의 일을 전달하고 지역의 팬이 되도록 하는 활동입니다. 관계인구를 만드는 일이 미션이라고 할 수 있습니다.

지자체는 고향납세 제도를 활용하여 기부금을 늘리고 기부를 계기로 지역과 소통하게 함으로써 관계인구를 만들 수 있습니다. 또한 기부금을 로컬벤처 육성 등에 사용하여 지역에서 좋은 도전이 생겨 또 팬이 늘어나게 되는 선순환을 만들 수 있습니다.

고향납세는 '고향'*, '고향 초이스'**, '라쿠텐(楽天)'*** 등 기부 채널을 제공하는 여러 플랫폼이 있지만 모금과 동시에 사용해야 더욱 기부금을 높일 수 있습니다. 그러나 바쁜 지자체 직원이 여러 개의 채널을 동시에 운영할 수 있는 가이드라인이 없기 때문에 그저 업무량만 느는 결과만 초래할 뿐입니다.

에이제로는 여러 개의 고향납세 채널을 사용하면서 기부자 명단 관리를 정확히 하기 위해 직접 마케팅 방법으로서 틀 만들기를 지원합니다. 명부 정보를 데이터화하여 관리하는 고객관계관리(CRM) 프로그램을 도입하여 여러 개의 채널을 동시에 운영하는 상황을 정비하고 기부자와 소통할 예정입니다.

우선 아쓰마정을 중심으로 사업을 계획하고 있습니다. 아쓰마정의 2017년도 고향납세 실적은 약 2억 엔으로 에이제로가 계획한 이 사업이 잘 진행된다면 금액도 확대하고 지역의 팬을 늘리는 일도 가능할 것입니다.

인구 약 5,000명의 아쓰마정의 고향납세 기부자는 거의 일정한 수

＊ https://www.soumu.go.jp/main_sosiki/jichi_zeisei/czaisei/czaisei_seido/080430_2_kojin.html (역주)
＊＊ https://www.furusato-tax.jp (역주)
＊＊＊ https://event.rakuten.co.jp/furusato (역주)

준으로 약 5,000~6,000명 정도입니다. 아쓰마정은 농업이 번성한 마을로 매력적인 답례품으로 보답합니다. 이를 1만 명 수준으로 늘릴 계획입니다.

2018년 5월에는 에이제로의 100퍼센트 자회사로서 아쓰마에 '에이제로 아쓰마'를 설립하고 고향납세 관련 업무를 성공보수계약제로 개시하였습니다. 위험 요소를 줄이면서 지자체와 지역 분들과 함께 도전해가는 것이 에이제로 스타일입니다.

자재, 설계, 시공, 부동산 관리, 입주민 모집

에이제로의 네 번째 사업은 건축·부동산 중개사업입니다. 2017년 11월 1급 건축사 사무소로 등록했습니다. 건설업 허가를 받고 택지 건물취급면허를 취득했기 때문에 산에서 나무을 베어 제재하는 일부터 설계, 시공, 부동산중개사업·입주자 모집, 이주·창업 지원까지 한꺼번에 할 수 있습니다. 이주·창업에 관한 한 소프트웨어와 하드웨어 양면으로 지원 가능한 체재를 구축한 것입니다.

이렇게 많은 장르의 사업을 하는 것이 중심 없는 무분별한 확장이라고 생각할 수도 있습니다. 그렇지만 임업에 대한 사고방식을 장어와 주택으로 확장한 것뿐입니다. "어떻게 해야 6차산업화를 할 수 있을까?"라는 물음보다 지역 자원과 소비자를 어떻게 연결할까, 새로운 연결 방식은 없을까라는 궁리를 한 것입니다. 목재 역시 장어와 마찬가지 상황이라고 생각했습니다.

니시아와쿠라에서는 이주자의 거주가 항상 문제였습니다. 빌릴 집도 없고 신축 아파트도 당시에는 거의 없는 상태였습니다. 2016년에 보다 새로운 방식의 마을형 임대주택인 니시아와쿠라 일거리·거주응원주택 설계, 시공, 임대, 입주자 모집 전부를 면사무소로부터 위탁받았습니다. 그렇게 2017년 7월부터 입주자 모집을 시작한 것입니다.

마을형 임대주택은 아담한 크기의 집으로 6동이 있습니다. 각 주택은 지역산 삼나무를 사용했고 콤팩트한 사이즈라도 넓게 느낄 수 있도록 천장을 높게 설계하였습니다. 각 방을 넓게 사용하도록 상부 수납장을 완비했고 주방, 거실, 침실에도 상부 수납장을 설치했습니다. 또한 추위와 더위의 대책으로 단열시공을 했습니다.

최소한의 필요한 설비를 완비한 후에 수납과 중간벽 등은 없는 반조립식으로 건축했습니다. 입주자의 생활방식과 취향을 고려한 맞춤형 주택입니다. 책장을 설치하고 우드데크를 만드는 등 자유롭게 DIY가 가능하도록 설계하여 이제까지의 공영주택과는 조금 다른 디자인의 임대주택입니다.

이것만으로 해결됐다고 생각하지 않습니다. 지역에서는 빈집이 앞으로 많이 나오겠지요. 지역 이주자가 늘기 때문에 임대 물건을 많이 구합니다. 그러나 지역에는 "소유자는 이미 마을을 떠나서 없다", "조부모는 돌아가시고 안 계시기 때문에 마을에 돌아갈 생각도 없으니 팔고 싶다"는 이야기도 많습니다.

"빌리고 싶다"와 "팔고 싶다"를 직접 연결하는 것은 어려운 일이라서 제3자에게 투자하여 구입하고 임대를 받는 경우도 있습니다. 팔려고 내놓은 매물을 에이제로에서 매매 중개하여 투자 목적으로 물건을 구입해주고 그 판매 계약을 하고 있습니다. 어떤 집은 구입한 새로운 소유주와 상의하여 공유주택으로 쓰고 있습니다. 비어 있는 토지와 집이 있다면 매매 등을 포함해 유용하게 활용하고 있습니다.

지역에 이주하고 싶다는 사람이 없다면 불가능한 일이기 때문에 지역 전체의 가치를 높여 살고 싶고 지내고 싶은 장소로 만드는 것이 중요하지요. "이 지역에 살고 싶다", "이곳에서 도전하고 싶다"라는 사람을 늘리지 못한다면 부동산의 가치를 높이지 못하고 부동산업도 성립할 수 없습니다. 따라서 이주·창업 지원을 소프트웨어와 하드웨어 양면으로 하는 것이 중요합니다.

지역에 사람을 불러들이기

시가현 다카시마시(滋賀県 高島市)에서도 건축·부동산사업을 합니다. 다카시마시는 제가 다녔던 구쓰키촌(현재 다카시마시 구쓰키지구)와 아슈연구림(芦生研究林)에 가까운 지역입니다. 이 지역에서 고군분투하고 있는 직원들은 2009년부터 시내의 아도가와정(安曇川町)의 나카노(中野)라는 동네에 있는 빈집의 조사와 개보수를 하여 이주자 지원과 교류 이벤트 개최 등을 하고 있는 세 명입니다.

그들은 NPO법인 매듭이라는 조직에서 활동하며 빈집을 기점으로 사람의 흐름을 만들어내는 전문가들입니다. 리더는 제가 20대부터 알고 지내는 시미즈 야스하루(清水 安治)입니다. 예전에 시가현청의 기획조정과에서 근무했습니다. 니시아와쿠라에서 지역재생 매니저 제도를 도입했다고 소개한 바 있지만 같은 시기에 다카시마시도 지역재생 매니저 제도를 도입했습니다. 이 두 지역을 담당한 것은 저의 전 직장인 아미타 지속가능성연구소입니다.

다카시마시에 지역재생 매니저를 도입하기 위해 현 직원의 입장에서 노력한 사람이 시미즈입니다. 시미즈는 건축 전공자로서 빈집은 소유자에게 불량자산이라고 해도 이주자에게는 우량자산이라고 생각해 시가현의 각지에서 빈집 대책과 이주 지원 활동을 했습니다. 거기에 저도 참여하여 퍼실리테이터로 활동했습니다.

2016년 봄, 시미즈는 55세로 시가현청을 조기 퇴직했습니다. 그후 로컬벤처 마인드를 가지고 다카시마시에서 일하고 있습니다. 다카시마시에도 빈집이 많습니다. 그들은 "빈집 문제를 해결하기 위해 이제까지 축적한 리노베이션 기술과 지혜를 살린 사업을 하고 싶다"라고 합니다.

또한 니시아와쿠라처럼 이주자를 받아들이는 하드웨어의 하나로 지역 목재를 활용한 이주자 대상의 신축 주택을 세우고 젊은이에게 싸게 구입할 수 있도록 지원합니다. 2018년 봄에는 신축 건물 2채를 지었습니다.

그 이외에 여행업도 합니다. 니시아와쿠라와 에이제로 시찰을 중심으로 한 투어 운영을 기획합니다. 이런 활동은 각 사업과 여러 시책을 수평으로 엮는 듯한 활동입니다. 장어 양식장과 가공장 견학에서는 장어를 직접 잡고 구워 먹는 것까지 체험하는 프로그램을 진행합니다.

그런 체험을 제공하는 것은 지역에 고객을 불러들이는 중요한 방법이기 때문입니다. 고객을 초대하고 견실하게 지역에 대해 알리는 방법밖에 없습니다. '여기 아니면 할 수 없는 것'을 확실하게 해야 합니다.

지역경제를 빚는 토양

2017년에는 여러 가지 사업을 하는 에이제로의 활동을 한마디로 표현하는 캐치프레이즈가 결정되었습니다. "지역경제를 빚자"입니다. 회의에서 시미즈가 "'빚자'는 어떨까요"라고 말해 모두가 "좋네!"라며 찬성했습니다.

많은 생물과 활동가가 있어서 각자 애쓰고, 각자에게 걸맞은 원래의 가치를 꺼낸다는 의미입니다. 그런 활동으로 연대하는 다양한 과정 속에 마치 맛있는 술이 빚어지는 것처럼 멋진 지역이 되어간다는 의미입니다. '지역경제를 만들자', '육성하자', '디자인하자'라는 표현보다 '빚다'라고 하니 훨씬 좋은 것 같습니다.

이래저래 계산하고 한 일도 있지만 무엇을 어떻게 연결하여 어떤 가치가 생기는지는 사실 잘 모릅니다. 예를 들어 천연염색을 하는 사람과 씨앗에서 기름을 짜내 파는 사람이 있으면 양봉 농가도 있으면 좋겠다고 생각해 이것을 가능하게 만드는 어떤 장치를 고안해내는 것이 저의 역할입니다.

나무와 풀이 있으면 염료가 되고 꽃이 진 뒤 열매를 짜면 기름이 나오지만 많은 꽃이 피면 꿀을 딸 수 있으니까요. 양봉업자가 지역에 없기 때문에 에이제로에서는 장어업 중심의 자연자본주의를 연구합니다.

지역경제를 살리는 것은 그렇게 어려운 구조가 아닙니다. 지역 전체의 비용과 매출 이 두 가지만 생각하면 됩니다. 지역에서 나가는 돈을 줄이고 생기는 가치의 양을 높이는 것뿐입니다. 사실은 단순한 구조입니다.

지역에서 순환되면 나가는 돈을 막을 수 있습니다. 지역 외에서 구입하던 것을 지역 내에서 살 수 있게 된다면 비용이 줄어들지요. 토양의 에이제로층은 위에서부터 L층, F층, H층이라는 세 층으로 나눕니다. L층은 낙엽층(Litter)으로서 분해되지 않은 대부분이 쌓여 있는 낙엽퇴적층이고 떨어진 낙엽 형태가 보이는 상태입니다. F층은 분해되어 유기물 원형의 일부가 파괴되어 있는 일부 부엽층으로서 L층이 분해되어 형체가 없는 상태입니다. F층은 발효층(Fermentation horizon)이고, 제일 밑의 H층은 상당히 분해가 진행되어 미세조직과 분상상태가 된 부식층(Humus horizon)입니다. 대부분의 원형이 사라져 흙처럼 되어 있습니다.

이 세 층으로 구성된 에이제로층의 발효가 다양하고 풍부한 숲을 만듭니다. 에이제로도 이런 존재가 되고 싶습니다. 지역경제의 숲을 육성하고 싶습니다. 조금씩 진전하여 여기까지 오기까지 십 몇 년이 걸렸습니다. 이 경험을 통해 '생각했던 것이 실현하기까지는 10년은 걸린다'는 것을 배웠습니다. 특히 지역에서 그러합니다.

새로운 모델 만들기

지역경제가 발효되기 쉬운 지역만의 적정 규모가 있습니다. 지자체와 지역의 규모가 너무 크면 활동가가 많기 때문에 관리하기 어렵습니다. 용량 범위를 초과하여 너무 복잡해져서 동시에 처리가 불가능합니다.

하나의 생활권으로 인식될 수 있는 정도의 범위가 적당합니다. 하나의 중학교 학군, 큰 시의 상점가 같은 규모면 좋겠지요. 인구 수천 명 정도의 규모가 좋습니다. 행정기관과 연대하는 경우에는 작은 규모의 지역이 활동하기 쉽습니다.

행정기관과 연대하지 않는 활동 방법도 있습니다. 인구 약 5만 명의 다카시마시에서는 전체를 파악하기 어렵습니다. 행정기관과 연대하여 다카시마시 전체를 사업 대상으로 하기 어렵기 때문에 민간 주도로 아도가와정의 나카노 마을 속 다이잔지지구(太山寺地区)를 핵심 지역으로 하여 활동합니다.

즉 이주성과 밀도가 중요합니다. 공간이 넓으면 밀도를 높이기 위해 너무 많은 에너지가 소비됩니다. 큰 방을 데우려면 보일러를 오래 틀어야 하지요. 지역 활동도 같은 이치입니다. 작은 방을 데우고 또 다른 작은 방을 데우는 편이 하고 싶은 일을 실현하기 쉬운 방법입니다. 조금씩 밀도와 에너지양을 올리는 것이 효과적입니다.

자주성과 다양성 넘치는 팀 만들기

좋은 팀이 있으니까 좋은 상품이 나온다. 좋은 상품이 있으니까 좋은 고객이 생긴다. 좋은 고객이 찾아오니까 고객이 늘어 매출이 증가한다. 즉 좋은 일을 하기 위해서는 좋은 팀을 만드는 것이 필요합니다.

에이제로에서는 2명의 비상근 공무원, 2명의 파트타임 직원을 포함해 총 28명이 일하고 있습니다. 에이제로가 하나의 로컬벤처와 같은 커뮤니티가 되어 문화와 가치관을 키워간다면 그것이 외부에 자연적으로 스며들어 지역에도 좋은 영향을 줄 것이라고 생각합니다.

이러한 사회가 되기 위해서는 우선 사내에 여러 가지 사업이 좋은 의미로 맘대로 생기며 자연스럽게 상승효과가 나타나는 것처럼 자주형(自走型) 조직, 발효형 조직이 만들어질 수 있어야 합니다.

우선 중요하게 생각하는 것이 자주성입니다. 직원에게 출근 의무는 없습니다. 재택근무라도 좋습니다. 저도 출근하지 않을 때가 있습니다. 특별한 규칙은 없지만 어디에 있는지는 인터넷의 구글 캘린더를 보면 알 수 있습니다.

온라인 회의를 하는 일도 많습니다. 연말에는 '도전 목표 피로연'을 열어 전 직원이 도전 목표를 발표합니다. 담당 사업을 묶어서 설정하는 부분과 개인적인 보람과 목표를 선언하는 방식입니다.

의무가 아니고 도전이기 때문에 간단하게 실현하기 어려운 목표라도 좋습니다. 한 사람 한 사람의 도전 목표에 대해 어떻게 하면 그것이 실현될까, 어떻게 도와줄 수 있을까를 의논합니다. 일은 한 사람만으로는 되지 않습니다.

다른 직원과 자신의 도전 목표가 어떤 관련이 있는지, 자신의 도전 목표는 팀 내에 어떤 위치에 있는지 이해할 수 있다면 회사 안에서 연대가 형성됩니다. 이 부분은 로컬벤처스쿨과 같은 사고방식입니다. 각기 자신의 축이 있다면 회사와 지역 주민을 자원으로 할 수 있고 신중하게 도전하면서 자원 활용을 할 수 있습니다.

다양성도 중요합니다. 다양성을 소중히 한다는 것은 한 사람 한 사람을 소중히 한다는 의미입니다. 이를 위해 연 1, 2회 정도 전 직원과 1대 1로 개별 면담을 합니다. 이야기를 정중하게 듣고 그 사람의 변화를 느껴보려고 노력합니다. 프로젝트 회의에서도 각자의 의견을 듣고 납득할 때까지 의논합니다.

당연히 소통 비용이 많이 듭니다. 이제까지 소속되어 있던 회사와 경험도 모두 다르고 처음에는 공통 언어도 별로 없는 속에서 대화가 진행되었습니다. 그러나 모두 납득할 때까지 시간을 주었더니 상황이 급진전되는 멋진 변화가 나타났습니다. 다양한 개성이 연쇄작용을 일으켜 새로운 가치가 생기는 경험이었습니다.

부업도 금지하지 않았습니다. 할 수 있는 데까지 해본 뒤 '부업하는 것이 좋은가. 에이제로 사업에 집중하는 것이 좋은가'를 판단하는 것은 당사자의 몫이니까요, 한편으로는 부업을 하면서 균형감이 생길 수도 있습니다. 정규직뿐만 아니라 계약직도 있기 때문에 에이제로 밖에서의 경험이 있는 사람이 들어오면 보다 더 다양성이 높아질 수 있습니다.

기쿠나가 요스케(菊永 洋佑)는 기타의 음량을 발로 조절할 때 오작동을 방지하는 부품을 판매하는 회사 비트워크(Beatwalk)도 경영합니다. 에이제로에서는 장어 사업에도 관여하고 있고, 그의 아내가 경영하는 회사의 경리 담당과 육아도 담당하며 활동적으로 살고 있습니다.

다양성이 가치 창조로 연결되는 팀 만들기는 다양성이 가치 창조에 연결되는 지역 만들기로 이어질 수 있습니다. 다만 창업기에는 방향을 맞추어 전력하여 사업을 궤도에 올려야 해서 지금의 에이제로는 직원의 부업을 장려하지도 않고 금지도 하지 않는 상황입니다.

팀 만들기와 동시에 사업의 성적과 결과도 신경 써야 합니다. 달성목표는 도전 목표와 관계 목표를 포함합니다. 도전 목표는 개인 차원의 목표이고 관계 목표는 경영 이익에서 이 정도의 규모는 확보한다 하는 의무 목표이자 약속입니다. 그러나 관계 목표를 강요하면 사기가 저하될 수 있기 때문에 관계 목표는 일체 없이 도전 목표만 있습니다.

이게 왜 안 되는 거냐고 추궁하기보다는 각 팀이 내부에서 어떻게든 실현하고 싶도록 꿈과 목표를 만드는 것이 더 좋습니다. 그 후에 다른 팀의 사람들과 그 목표와 진행 상황, 과제를 보면서 어떻게 하면 그것을 넘어설 수 있을까를 이야기하고 도전 목표의 달성을 서로 지지해주는 그런 방식의 커뮤니티를 만들려고 합니다.

직원을 '고용한다'기보다는 '역할을 나눈다'고 보는 것이 더 적절합니다. 창업은 자신과 누군가의 역할을 만들어내는 것이니까요. 역할을 만들어내는 하나의 수단이 고용이고 저의 역할은 본인이 하고 싶은 일을 해나가는 것과 동시에 함께 일하는 동료의 가능성을 끌어내는 일이기도 합니다.

이 두 가지를 동시에 성취하는 것이 쉽지는 않지만 자신을 어딘가에 놓아버리고 동료의 가능성을 끌어내는 일에만 집중한다면 자신이 에너지를 내지 못해 힘들어지기 때문에 어려워도 어떻게든 양립시켜 나가는 수밖에 없습니다.

함께 일하는 동료

함께 일하는 동료들에게는 정말로 감사하고 있습니다. 숲학교도 에이제로도 사실 어떻게 될지 모르는 벤처기업에 불과하였고, 참여한다는 자체가 모험인데 함께 도전해준 동료가 많이 있어서 감사합니다.

하고 싶은 일이 많이 있지만 혼자 힘으로 되는 일이 아니라서 회사를 만들고 동료를 늘려왔습니다. 저는 저 나름대로 계속 진행할 겁니다. 동료들도 각기 자신의 인생을 살아갈 겁니다. 그런 과정에서 서로의 인생이 겹치는 부분이 생겨서 지역경제를 살리는 일에 연결될

수 있는 회사가 되면 좋겠습니다. 아마도 계속 시행착오의 연속이
될 것 같습니다.

제5장

공무원도 참여하는

지역 변화

창발형 지역 경영

지역은 이주자들에 의해서 활성화된다고 생각하는 사람도 있겠지만 결코 그렇지 않습니다. 그보다 먼저 주민과 이주자를 행복하게 할 힘이 지역에 있어야 합니다. 이주자가 모이는 것은 그 결과이지 원인이 아닌 것입니다.

그 힘이 충분하게 발휘되기 위해서는 지자체의 역할이 중요합니다. 물론 마을 만들기나 지역 만들기는 민간이 할 일이라는 의견도 맞습니다. 지자체가 변하지 않으니까 민간에서 할 수밖에 없다고 생각하는 것은 당연합니다. 그런데 만약 지자체가 변한다면 어떻게 될까요.

이제까지 경험해보니 민간 활동가가 여기저기서 나오는 상황을 만들려면 우선 지자체로부터 변화를 시작하는 것이 효과적이라는 결론에 달했습니다. 니시아와쿠라 면사무소의 여러분과 함께 도전을 이어가는 속에서 지자체 공무원이야말로 신중하게 지역 주민의 일과 지역의 미래를 생각하고 행동한다는 것을 실감했습니다,

지자체 공무원이 로컬벤처가 되면 로컬벤처는 확대될 수 있습니다. 이것은 매우 중요한 일입니다. 지자체 공무원이야말로 지역을 바꾸어 나가는 원동력입니다.

지역에 대한 모든 과제와 재원에 정통하고 그것들에 접근할 수 있는 힘은 역시 기초지자체에 있습니다. 공무원은 지역에서 연결 역할을 하기도 하고 지도와 조언을 하는 멘토 역할을 할 만한 사람들입니다. 이주자와 창업을 검토하고 사람들을 지원할 수 있는 힘을 많이 가지고 있습니다.

제5장에서는 벤처 마인드를 가진 공무원의 능력과 그들과 함께한 프로젝트를 소개하고자 합니다. 지자체는 계획을 수립하여 그대로 추진하는 체계로 구성되어 있습니다. 그러나 어떤 사람이 일을 벌여 잘되면 어느새 그런 사례가 정책의 중심이 되기도 합니다. 즉 의욕 있는 사람들이 움직이지 않으면 아무것도 제대로 작동하지 않습니다.

지자체에도 종종 하고 싶은 일을 기획하여 행동하는 독특한 공무원이 있습니다. 그런 공무원은 중앙정부 예산을 끌고 와서 예산 항목을 만들어내서 일을 진행할 수 있도록 합니다. 그런 슈퍼 공무원이 조직을 이끌면 좋겠지만 그마저도 다른 곳으로 이동하거나 퇴직하면 모처럼 만들어진 새로운 모멘텀이 멈춰버립니다. 유능한 특정

공무원에 의존하는 것은 안 된다는 의미입니다.

　따라서 공무원 한 사람 한 사람이 도전할 수 있는 가능한 범위를 설정할 필요가 있습니다. 이런 시작을 바탕으로 실천이 연결되고 협력하면서 지역 변화가 이어질 수 있습니다. 시간은 오래 걸리겠지만 아예 불가능한 일은 아닙니다. 개인 차원에서의 사업 시도와 도전, 가설 검증을 하는 가운데 좋은 싹이 나온다면 그것을 힘껏 늘려야 합니다.

　이것이 창발형 지역 경영입니다. 창발은 예산과 계획을 넘어서 혁신이 발생하는 상태를 의미합니다. 이 사고방식은 니시아와쿠라에 강사로 몇 번이고 왔던 지식창발연구소 대표 CRO인 마쓰자키 미쓰히로(松崎 光弘)가 알려준 것입니다

　창발형 지역 경영을 위해서는 우선 창발적 과정을 잘 정착시켜야 합니다. 이 과정은 지역에서 무작위로 많은 도전이 이루어질 때 나타납니다. 공무원 한 사람 한 사람이 사업을 기획하여 실시할 수 있는 환경을 만드는 것입니다.

결과적으로 막다른 길

　누군가 생각을 만들고 서로 도와주는 문화가 지자체에 정착되는 것은 지역 전체의 벤처를 육성하는 것과도 중요한 관련이 있습니다. 그러나 창발적 과정을 지역에 정착하기 위해 치밀하게 계획하여 진행할 필요는 없습니다. 어떤 의미로는 하다 보니 되었다는 식의 자

연스러운 불확실성 속에서 우선 도전의 총량을 올리는 것이 중요합니다.

이렇게 해서 결과가 나올까, 보고서가 나올까, 윗선에는 어떻게 보고해야 하나 하고 불안해하는 것보다는 그냥 즐기는 것이 최선입니다. 모두가 즐겁고 재미있어 하는 과정에서 막다른 길에 봉착할 수도 있겠지만 그런 과정을 반복하면서 좋은 흐름이 만들어질 수도 있습니다.

각자의 생각대로 움직이게 되면 흩어져 있어도 점점 만나고 연결되어 보다 큰 생각을 공유하게 되고 진전할 수 있는 흐름이 생깁니다. 혼돈에서 질서가 만들어지는 것입니다. 이것이 결과적으로 막다른 길이라는 말의 의미입니다.

해보지도 않고 계획만 만들려고 하면 어떤 상황도 발생하지 않고 그냥 그대로 머물러 계획에만 얽매이게 됩니다. 계획에만 몰두하는 것 같은 상황이 됩니다. 지자체 주도의 일이 잘되지 않는 것도 계획에만 몰두하는 경우가 많기 때문입니다.

창업가형 공무원

니시아와쿠라에서는 2017년부터 새로운 조직으로서 면사무소에 지방창생추진반을 만들었습니다. 공무원 각자가 도전자가 되는 시책입니다. 에이제로는 이 시책의 지원 업무를 맡고 있습니다. 이 조직이 만들어지게 된 계기는 2016년 로컬벤처스쿨 모집에 대해 공무원들과 상의할 때였습니다.

　　로컬벤처에 이러이러한 역할을 맡기고 싶다는 주제나 문제의식

　　이 혹시 없는지요? 해결하고 싶은 과제가 있다면 무엇일까요?

　　이렇게 물어보니 의외로 많은 공무원이 의견을 제시했습니다. 상사로부터 지시만 받다 보니 스스로 할 수 있는 일이 없었는데 이 기회에 잘됐다고 생각하며 여러 공무원이 제안한 것 같습니다. 30명 정도의 직원밖에 없는 면사무소에서 무려 24건의 제안이 나왔습니다.

　　제안한 공무원의 발표회도 열었습니다. 공무원들의 열정을 느낄 수 있었던 소중한 기회였습니다. 중요도가 높은 제안도 있었고 어느 정도 실현 가능한 제안도 있었습니다. 공무원이 로컬벤처를 지원하고 그 힘을 빌려서 지역을 움직이게 하는 것만큼 공무원이 할 수 있는 일을 해보는 것 또한 효과적입니다. 모두 함께 도전하는 것이지요.

　　니시아와쿠라에는 원래 창업가형 공무원이라고 불리는 사람도 있었지만 그러한 일부 사람이 아니라 모든 공무원 각자가 스스로 도전하게 하는 것이 목표입니다. 지방창생추진반은 2017년에 12명으로 시작했습니다. 면사무소 직원의 약 1/3이 멤버입니다. 전원이 겸임합니다.

　　한 사람 한 사람이 도전할 수 있도록 우선 1공무원 1프로젝트를 기획했습니다. 12개 프로젝트를 동시에 기획한 것입니다.

촌의 육아 환경 개선을 위해 엄마들이 공동육아를 할 수 있는 시책을 만들고 싶다. 공동육아 시책과 플랫폼을 연결하고 싶다. 나를 포함한 엄마들이 육아를 즐기는 지역을 만들고 싶다.

밤에 식사할 수 있는 곳이 별로 없다. 나처럼 독신인 40대 남성에게 마을의 밤은 쓸쓸하기 때문에 뭔가 술집 순례를 하고 싶다. 상설까지는 아니더라도 부정기적인 이벤트라도 좋으니 밤의 니시아와쿠라를 즐길 수 있는 포장마차촌 등을 만들어 마을을 북적거리게 만들고 싶다.

완전히 공무원 자신의 눈높이에 맞는 제안입니다. 그러나 이런 '자신의 일'이 좋은 것입니다. 개인의 기획을 팀을 구성하여 연결하고 공유하기도 했습니다. 모두 함께 생각하는 미팅을 계속 진행했습니다. 혼자 하는 것보다 주위의 응원이 형성되는 관계를 만들려고 했습니다.

면사무소는 높은 파급효과가 예상되는 프로젝트를 상징프로젝트라고 부릅니다. 이렇게 1년간 다듬어서 12개 제안 중에 상징 제안 4개를 선택하여 2018년부터 구체적으로 움직였습니다. 제안자뿐만 아니라 다른 멤버도 거기에 참여합니다. 이처럼 좋은 흐름을 만들어내자는 생각으로 노력하여 전체에게 힘을 불어넣고 있습니다.

지역을 잘 알고 있고 여러 과제에도 직면한 공무원이 바쁜 업무 속에서도 도전하면서 자신의 의지로 일을 시작한다. 자신이 도전자가 되어 그 도전을 실행하기 위한 팀 만들기를 해가며 나아간다. 주위에서 응원해주는 사람과 함께 생각하고 고민하면 제안이 점점 구체화되어 형태를 갖추게 된다. 이렇게 진행되었습니다.

자신이 주체적으로 생각하고 행동하여 뭔가 만들어내는 일종의 창업형 공무원이 앞으로도 계속 지역에서 나와야 로컬벤처가 모여들 수 있습니다. 지방창생보다 우선 개인창생이 필요한 것입니다. 공무원의 개인창생을 소박하게 쌓아가야 지방창생도 가능합니다.

어디에서나 가능하다

이런 다양한 도전이 어째서 니시아와쿠라에서는 실현 가능했을까요. 니시아와쿠라 면사무소의 지방창생특임참사·산업관광과장으로서 지방창생추진반 리더이기도 한 우에야마 다카히로(上山 隆弘)는 마을이 로컬벤처를 받아들이기 시작할 때부터 사업의 중심에 있던 사람입니다. 지역을 대표하는 창업가형 공무원이기도 합니다.

우에야마는 다음과 같이 말합니다.

니시아와쿠라촌이 합병을 거부하고 나서 100년의 숲 계획과 심(心)산업을 만들어 온 과정이 지금의 변화에 영향을 끼쳤겠지만 그렇다고 이 지역만 특별한 것은 아닙니다. 공무원의 사고방식을 바꾸는 것이 핵심입니다. 지역 공무원들은 로컬벤처 종사자, 다른 지역과 다른 장르에서 활동하고 있는 외부인들과 만나면서 지역 안에서의 지식과 아이디어의 한계를 자각하게 되었고 가치관도 바뀌었습니다. 우리 사무소의 젊은 직원들에게도 "사무소에 틀어박혀 있지 말고 밖으로 나가 사람을 만나길 바란다"라고 말합니다. 즉 외부와의 관계성을 얼마만큼 만들 수 있을까가 중요합니다.

수직적 위계 관계 때문에 일 하나라도 결정하려면 오랜 시간이 걸리는 것이 행정기관입니다. 오래 근무하여 권한을 갖게 되어 '이제 내가 하고 싶은 일을 기획할 수 있을지도 모른다'고 생각하는 것은 50세 정도에나 가능합니다. 22세에 취직했다면 28년 정도 걸리는 것입니다. 그 사이에 시대는 변하거니와 젊은 시절부터 주체적인 기획·운영의 경험을 축적하지 않으면 정작 그때가 되어도 일을 제대로 추진할 수 있는 근력과 감성이 나오지 못합니다.

사람의 창조력이란 어떤 의미로는 지속적인 도전으로 축적되는 것이니까요. 50대가 되어서야 주체적인 기획을 세울 수 있는 행정조직이 아니라 1년 차인 젊은 나이부터 기획을 세울 수 있는 조직이 되지 않으면 창의적 조직이 될 수 없습니다.

창의적 조직을 만들어야 하는 이유는 세상의 변화 속도가 너무 빠르기 때문입니다. 그 속도에 맞춰 행정조직도 바뀔 필요가 있습니다. 몇십 년 동안 기본 구조를 바꾸지 않고 운영하면서 과소화와 고령화가 진행되고 있는 국가적 현실을 기존 조직으로는 변화시키기 어렵습니다. 행정조직이 바뀌기 위해서는 한 사람 한 사람의 자립적

정신과 창의력이 정말 중요합니다.

전국 각지에서 강연도 하는 우에야마는 "지역이 단합되지 않아요", "니시아와쿠라니까 가능했던 것이지요?" 등의 말을 자주 듣는다고 합니다.

그러나 우에야마의 대답은 명쾌합니다. "하지 않는 이유를 찾기 전에 할 수 있는 일부터 하지 않으면 아무것도 해결되지 않지요. 요컨대 누가 할 것인가가 문제일 뿐입니다."

니시아와쿠라에서는 직원이 하고 싶은 기획을 할 수 있도록 지방창생추진반을 만들었습니다. 그런 기회를 제공하지 않는 행정기관과 직장이 훨씬 많습니다. 이런 경우에는 어떻게 하면 좋을지 우에야마에게 물어보았습니다.

조직 규모도 천차만별이고 가치관이 다른 상사가 있을지도 모릅니다. 그러나 조직에 할 사람이 없는 것이 아니라 하고 싶은 사람은 있는데 그 사람이 못하게 되는 경우가 훨씬 많지요.

결국 그 사람이 행동하는 사람이 되면 그만입니다. "나는 이렇게 하고 싶습니다"라는 계획이 있다면 "당신은 그 과정에서 무엇을 할 것인가"라는 질문에 대답할 수 있어야 합니다.

그저 계획만 제시하는 데 그치는 것이 아니라 계획 속에 자신의 위치를 확실하게 넣어서 "나는 여기까지 하고 멤버는 이렇게 모으겠습니다"라고 알린다면 "예산은 없지만 괜찮아? 이렇게 해보면 어떨까"라는 응답을 들을 수도 있습니다. 즉 예산까지 확보하겠다는 정도의 기개가 필요합니다.

지역 공헌 신드롬에서 탈피하자

우에야마는 "지역 살기기·마을 만들기는 행정기관의 책임이다"라고 강조합니다.

> "지역 살기기·마을 만들기는 옛날처럼 공장을 유치하는 방식과는 다릅니다. 따라서 지자체가 '우리 지역의 문제해결을 부탁드립니다'라는 정도의 자세에 머물면 안 됩니다.
>
> 도시 젊은이들 중에는 '지역이 어렵다. 지역에 공헌하고 싶다!'고 생각하는 사람이 있습니다. 서로의 필요가 묘하게 맞아떨어지는 부분이 있습니다. 그러나 이런 식의 '지역 공헌 신드롬'에서 빠져나와야 합니다.
>
> 어려움이 없는 지역에는 사람도 필요 없다고 생각하게 될 수도 있기 때문입니다. 지역부흥협력대 제도는 문제해결 도구가 아닙니다. 3년간 지역문제 해결을 부탁하다가 3년 후에 예산도 없어지고 지자체가 손을 놓게 되면 그 사람은 어떻게 되는 걸까요.
>
> 로컬벤처를 포함해 지역에 있는 사람의 힘을 얼마나 끌어낼까하는 노력이 특히 우리 같은 작은 지자체에게는 대단히 중요한 문제입니다."라고 강조합니다.

니시아와쿠라에서는 지역부흥협력대 제도를 활용하여 대원이 하고 싶은 일을 연결하기 위해 노력합니다. '그렇게 하면 우리 마을에 뭐가 좋지?'라는 식의 생각은 하지 않습니다. 그 사람의 행동력과 정보 발신 등을 통해 장점이 만들어지면 충분하다고 생각하고 있습니다.

어디까지나 그 사람이 하고 싶은 일을 중시합니다. 니시아와쿠라는 그런 자세로 '이주·정주하지 않아도 괜찮다'고 생각하고 있습니다.

물론 이주·정주를 해준다면 매우 기쁘지요. 그러나 그런 유입구의 형태나 경계선을 너무 확실하게 설정하기보다는 어슴푸레하게 남겨놓는 것이 좋습니다.

여러 사업을 수행하며 많은 사람이 창업과 취직을 합니다. 지자체로서는 마을 사업의 성공을 간절히 바라지만 업종과 내용이 천차만별이라 그것만으로 마을의 성공을 보장하기 어렵다는 사람들도 있을 텐데 그런 사람들에게 무리하게 "우리 마을에서 살아!"라고 요구해서는 안 됩니다.

살고 싶은 곳에 살되 사업 거점의 한 곳으로 니시아와쿠라를 포함시키고 수입의 일부를 니시아와쿠라에서 얻는다면 그 사람도 지역에 의미 있는 사람이 될 수 있습니다.

창업의 진화

지역의 로컬벤처 응원 방식

그러면 지자체와 지역은 로컬벤처에 어떻게 접근하는 것이 좋을까요. 로컬벤처가 사업 아이템이나 사업 대상에 진심을 갖고 있는가에 주목하는 것은 좋습니다. 니시아와쿠라에서는 그 사람이 진심으로 정말 그것을 하고 싶어하는가를 지켜봅니다.

그렇다고 너무 과도하고 엄격하게 평가하는 것은 좋지 않습니다. 새로운 사업과 벤처는 주위에서 이해받지 못하는 경우도 많기 때문입니다. 지자체와 지역이 이해할 수 있는 범위 안에서만 요구하게 되면 벤처가 만들어지기 어렵습니다.

로컬벤처스쿨에서 외부인을 멘토로 붙여주는 것처럼 사업 평가를 외부인에게 부탁하는 것도 좋은 방법이라고 생각합니다. 인재를 잘 포용하는 것이 중요합니다. 그래도 역시 남는 문제는 이해하기 어려운 것에 대해 어떻게 대응해야 하나 하는 부분입니다. 그 사람의 열정을 이해하고 그 노력을 파악하면서 잘 모르는 제안에 대해서는 너무 깊게 간섭하지 않아도 됩니다. 통제하지 않겠다는 정도의 관용이 있으면 재미있는 사람이 모이기 쉽지요.

니시아와쿠라에 사케 우라라(酒うらら)라는 일본 술 전문점이 있습니다. 마을에 이주하여 창업한 도마에 리오(道前 理緖)는 제1호 창업형 지역부흥협력대입니다. 지역부흥협력대 채용 심사에서 도마에가 "이 마을에서 고집 있는 일본 술 가게를 운영하고 싶다"라고 제안했을 때 면사무소 직원이나 저도 그 의미를 몰랐습니다. 인구가

불과 약 1,500명인 마을이었기 때문에 구체적인 성공 가능성을 느끼기 어려웠습니다.

그렇게 도마에는 이해받지 못한 채 채용되었습니다. 일본 술에 대한 강한 애정만큼은 확실히 전달되었기 때문입니다. 이주 후에 도마에가 발명한 것은 '출장 일본 술 바'라는 사업이었습니다. 대리운전도 없는 과소화지역에는 술집도 없다, 그래서 술을 가지고 출장을 간다, 모인 사람들과 함께 술을 마시면 수입이 생기는 멋진 사업을 만든 것입니다.

극단적으로 말하면 하고 싶은 일이 불명확해도 좋다는 것입니다. "하고 싶은 일은 아직 명확하지 않지만 무언가 하고 싶다는 마음이 있고 지역에도 관심 있습니다"라는 사람이 활기차게 즐기며 살아가는 가능성을 열어두고 지역에서 그렇게 살 수 있도록 환경을 조성하는 것이 필요합니다.

저도 예전에는 지역에서 무언가 할 수 있는 사람을 찾기 위해 하고 싶은 일이 명확한 사람을 찾고자 했습니다. 그런데 그런 사람은 너무 없습니다. 따라서 하고 싶은 일이 정해져 있지 않은 사람과 무엇을 할 수 있고, 무엇이 해볼 만한 것인가를 함께 고민하는 과정을 만들기로 했습니다.

그러한 기회와 프로세스를 지역이 어떻게 준비할 것인가가 관건인 것이지요. 미처 아이템을 정하지 못한 사람을 정중하게 키워나가기 위해서 시작한 프로그램이 (제2장에서 설명한) 로컬라이프랩입니다.

에너지 자급률 100퍼센트 마을

니시아와쿠라는 로컬벤처만이 아니라 모든 부문의 자립도를 높이는 것을 목표로 합니다. 그 가운데 하나가 에너지입니다. 니시아와쿠라는 2013년에 내각부에서 선정한 환경 모델 도시입니다. 그렇게 된 이유는 돗토리(鳥取) 자동차 전용도로가 개통되었기 때문입니다. 도로 개통 후 관광객들이 니시아와쿠라를 지나치게 되면서 관광안내소 등의 시설이 타격받았습니다.

마을 관광의 통과 지역이 아닌 목적지로 만들기 위한 우에야마의 고민이 컸습니다. 당시는 동일본대지진 후 재생가능에너지에 대한 사회적 관심이 높았습니다. 따라서 마을의 강점인 100년의 숲 계획을 살리는 내용의 계획서를 작성했습니다. 재생가능에너지에 손을 댄다면 관심 갖고 찾아오는 사람들이 있을 것이라고 기획한 관광사업 계획서였습니다.

마을은 2050년까지 이산화탄소 절감을 약속했습니다. 또한 에너지 자급률 100퍼센트를 목표로 태양광의 시민공동발전, 소수력(小水力)발전, 목재바이오매스 열에너지를 꿋꿋하게 추진했습니다. 지금 주로 추진하는 것은 소수력발전과 목재바이오매스 열에너지입니다.

소수력발전은 마을을 흐르는 요시노 강과 그 지류인 다이카이리 강(大海里川)을 활용하여 연간 약 230만 킬로와트의 전력을 생산합니다. 이를 FIT 전기*로 이전하여 거둔 발전 수입은 약 7,000만 엔입니다.

목재바이오매스 열에너지를 위해 2014년 9월부터 폐목재 반출 프로젝트(별칭: 나무역 프로젝트)를 시작했습니다. 삼림 소유자와 삼림조합이 폐목재를 원목 수집 회사 손라쿠(sonraku)에 가져가면 1톤에 6,000엔을 받습니다. 3,000엔 분은 현금이 아니고 상공회 상품권입니다.

그 원목은 장작이 되어 장작보일러를 도입한 마을의 3개 온천 시설에 열에너지 1기가줄을 1,912엔 정도에 판매합니다. 3개 온천 시설을 장작보일러로 바꾼 것으로 그때까지 연간 2,000만 엔 정도 구입하던 석유 대금의 돈이 지역에 쓰여 연간 약 1,300만 엔이 지역에서 순환되고 있습니다.

에너지 사업 담당은 면사무소 산업관광과 시라하타 게이조(白簱佳三) 주임입니다. 니시아와쿠라를 대표하는 창업형 공무원의 한 사람으로 에너지에 대해서도 열심히 공부하고 연구하고 실천하고 있습니다.

소수력발전은 공급이 안정적이라는 것이 장점입니다. 거기에 연료원가는 없어서 설치만 하면 지속가능한 블루오션입니다. 목재바이오매스 열에너지는 산, 목재, 연료 제조, 시설 관리에 의해서 고용을 창출합니다. 게다가 대부분 지역에 뿌려지는 돈입니다. 그리하여 2018년부터 지역열공급을 시작했는데 이는 서일본 지자체로는 처

---

*FIT 전기는 발전차액지원(Feed in Tariff) 제도를 통해 생산한 전기로서 고정가격 매수 제도에 의해 교부금을 받는 재생가능에너지를 의미한다. (역주)

음입니다.

구체적으로는 약 50년 만에 면사무소 등 중심부를 재개발하여 주변 공공시설에 열을 공급하는 계획입니다. 니시아와쿠라 촌립어린이집 신축이 2018년 봄에 끝나 4월부터 에너지 공급이 시작되었습니다.

새로운 어린이집은 바이오매스를 난방과 온수의 원료로 이용합니다. 열에너지센터에서 숲학교 공장에서 나오는 목재칩을 연료로 물을 데워 파이프라인으로 어린이집에 보내 관내에 순환시키고 온풍난방과 온수로 쓰고 있습니다. 지역의 3세 미만 아이들이 지역에서 만든 에너지 속에서 지내는 것입니다. 11~4월의 동기(冬期)를 중심으로 사용할 예정입니다.

2020년까지는 면사무소의 신축을 완료할 예정입니다. 이 신청사와 기존 초·중학교에도 바이오매스를 사용할 예정입니다. 지금까지 사용해온 에너지보다 지역에서 순환시켜 사용할 수 있기 때문에 좋습니다. 적어도 외부에서 석유를 구입하지 않고 지역 안에서 에너지를 돌리게 되었습니다. 시라하타는 "석유 가격은 국제 정세에 좌우되기 때문에 변동 폭이 크다. 석유 수입을 중단시킬 수 있고 이산화탄소도 절감할 수 있으니 일석이조다"라고 말합니다.

장기적으로는 마을에서 만드는 공영주택과 비닐하우스에도 에너지를 안정적으로 공급하는 것이 목표입니다. "100년의 숲 사업이라는 큰 줄기에서 가지가 나오듯이 또 다른 사업이 이어지기 때문에 각각 연동하기 쉽습니다. 기본 시책과도 관련이 있기 때문에 계획 세우기도 쉬운 것입니다"라고 우에야마는 말합니다.

현재 니시아와쿠라에는 매년 약 1,800명이 방문합니다. 새로운 시책이 관광자원이 됨으로써 마을을 받쳐주고 질 높은 관계인구가 만들어지고 있는 것입니다. "마을로서는 큰 도전이기 때문에 위험 요소도 있습니다. 걱정하느라 잠을 못 이룬 적도 많아요"라며 웃는 우에야마. 그런 시간을 보내면서도 도전을 멈추지 않는 원동력은 무엇일까요.

10년, 15년 뒤의 미래를 생각하면 지금 해야만 하는 일들입니다. 앞으로는 인구 감소 문제가 더 심각해질 것입니다. 그렇다면 지금이라도 해보고 안 되면 다른 것을 다시 시도하는 식으로라도 일을 진행해야 합니다.

10년 이후를 목표로 다양한 사업을 궤도에 올려 안정시키지 못한다면 그 이후엔 뭘 해도 늦을 겁니다. 그렇게 생각하면 시간이 없습니다.

지자체의 지속가능한 미래

니시아와쿠라는 에너지 시책의 흐름을 이어나가기 위해 2015년 9월 UN이 채택한 지속가능한 개발목표(Sustainable Development Goals, SDGs)를 참고했습니다. 2016년부터 2030년까지 15년간의 목표를 제시한 내용으로 지속가능한 개발을 위한 2030 의제를 포함하고 있습니다. 여기에는 17개의 목표와 169개의 타깃이 제시되어 있고 대부분 지역의 과제들과 깊은 관련이 있습니다.

17개 목표의 분야는 빈곤, 기아, 보건 등으로 마을이 지금 열중하고 있는 에너지도 포함되어 있습니다. 2018년 내각부 지방창생추진사무국은 지자체 SDGs 모델 사업으로서 선도적인 시책을 하고 있는 지자체 SDGs 미래도시로 10곳 정도를 선정하였습니다.

불과 30명의 공무원이 근무하는 니시아와쿠라 면사무소에서 어떻게 그런 일을 알 수 있게 되었을까요. 우에야마는 이렇게 이야기 합니다.

자신이 하지 않으면 안 되는 것과 하지 않아도 되는 것을 명확히 구분해야 합니다. 예를 들어 계획을 만들 때 '지역을 어떻게 할 것인가'라는 핵심 부분은 자신이 쓸 수 있습니다.

그러나 이산화탄소의 절감 등 세세한 내용은 전문가에게 의뢰해야 합니다. 공모전 심사를 할 때에는 전문가들에게 객관적으로 검토하게끔 합니다. 공무원이 모든 것을 할 수 있는 것은 아닙니다. 그렇다고 외부에 아웃소싱한다고 해서 통째로 넘기는 것도 아닙니다. 에이제로와 진행하고 있는 로컬벤처 지원도 그렇게 합니다.

우리가 하고자 하는 것은 확실히 참여한다는 방침이 없으면 앞으로 나아갈 수 없습니다. 자신의 역할을 이해한 후에 부분적인 것을 의뢰하면 여러 곳에서 많은 도움을 받을 수 있습니다.

새로운 재원, 지자체의 ICO

ICO는 Initial Coin Offering의 약자로서 신규가상통화공개를 의미합니다. 자금조달을 원하는 기업이나 프로젝트가 가상통화를 발행하고 판매하여 자금을 조달하는 방법입니다. 그 방식은 크라우드펀딩에 가깝습니다.

2017년 11월 니시아와쿠라는 지속가능한 지역 만들기를 실현하기 위해 지자체 ICO 도입 연구에 착수했습니다. 지자체 ICO에 의한 자금조달로 이제까지 없던 자금 유입과 순환을 촉진하는 방식의 가능성을 검증합니다. 새로운 지역금융시스템을 모색하는 것입니다.

지자체 ICO에 관심을 갖고 있던 벤처기업이 니시아와쿠라에 제안하여 마을에서도 관심을 가지게 되었습니다. 에이제로는 마을과 협업하여 함께 연구하고 있습니다. 마을이 로컬벤처 마인드를 가지고 있기 때문에 그런 새로운 제안도 들어오는 것입니다.

니시아와쿠라 코인(가칭)을 발행하여 지역경제와 로컬벤처의 존재방식을 보다 가속화할 수 있는 방법을 검토 중입니다. 지역에 새롭게 생긴 로컬벤처가 발전하면서 지역의 여러 가치를 끌어내면, 그 가치를 코인에 반영할 수 있다고 생각하고 있습니다.

일본 최초의 시도이고 가상통화의 현재화(顯在化) 문제 등 과제는 아직도 많이 있습니다. 그러나 ICO가 성공하면 지금까지 실현해온 것을 보다 더 가속화할 수 있을 것입니다. 미래를 향해 마을을 통째로 리노베이션하여 다양성과 밀도가 있는 경제를 실현할 수 있습니다. 조달 목표 금액은 10~100억 엔을 생각하고 있습니다.

2017년 마을 인구가 늘었다

정말로 기쁜 일이 있었습니다. 니시아와쿠라 인구가 드디어 늘어난 것입니다. 2017년 1월 1,485명에 이어 2018년 1월에는 1,487명이 되었습니다. 즉 2017년부터 인구가 증가하기 시작했습니다. 주민들이 특히 기뻐하는 부분은 아이들이 늘어난 것입니다.

이 부분은 꽤 이전부터 꾸준히 늘어왔습니다. 아이들이 늘어난 것은 육아 세대들의 U턴과 I턴이 늘었기 때문입니다. 유아·초등·중학교 아동 수는 제일 적은 2011년의 126명으로부터 지금은 30명 정도 늘어 155명입니다. 전입자 비율도 9퍼센트를 넘었습니다.

또한 총무성의 2017년 인구이동조사에 의하면 니시아와쿠라의 전입자는 전출자를 상회한 25명으로 오카야마현의 27개 시정촌 중에 5위로 나타났습니다. 다른 지역에서 감소하고 있는 20~30대는 니시아와쿠라의 경우에는 이주자가 있어서 그 정도로 줄지 않았습니다. 현재 지역부흥협력대원들과 대원 수료생 그리고 지역 회사에 취직한 사람들이 있었기 때문입니다.

이러한 일이 조금씩 쌓여 인구가 늘었습니다. 에이제로에는 2017년에 아이들을 데리고 이주한 직원의 5인 가족과 4인 가족이 있어 그것만으로도 9명이 늘었으니 로컬벤처가 지역에 좋은 영향을 미친 것입니다.

미래는 변해갑니다. 〈니시아와쿠라의 인구 변화 수 예측표〉에 의하면 2008년, 2013년, 2018년을 기준으로 한 미래 인구 추이를 알수 있습니다. 100년의 숲 계획이 발표된 2008년에 나온 인구 변화추이보다 이후의 시기에 인구 변화 추이가 개선되었음을 알 수 있습니다.

이 추이는 기준 시점보다 3년 전의 상황을 근거로 작성한 것입니다. 니시아와쿠라촌이 병합하지 않고 자립의 길을 선택한 것이 2004년이니까 병합하지 않기로 결정했을 때부터 인구 변화 추이가 더 나아졌다는 것을 의미합니다.

창업의 진화

니시아와쿠라의 인구 변화 수 예측표

단위: 명

구분	2008년	2013년	2018년
2015년	1,426	1,442	1,472
2020년	1,298	1,356	1,379
2025년	1,187	1,271	1,290
2030년	1,092	1,199	1,209
2035년	994	1,130	1,142
2040년	–	1,056	1,066
2045년	–	–	999

＊출처: 국립사회보장·인구문제연구소, 「일본의 지역별 미래 누계 인구」

제6장

로컬벤처론

두 회사의 매출 5억 8천만 엔

2017년 에이제로와 숲학교의 매출을 결산한 결과 흑자로 나타나 총매출이 5억 8천만 엔이 되었습니다. 2018년에는 7억 엔, 2019년에는 10억 엔까지 성장시킬 예정입니다. 지금 계획하는 사업들이 순조롭게 진행된다면 10억 엔을 크게 웃돌 가능성도 있지만 일단 2019년 총매출 10억 엔을 목표로 하고 있습니다. 2009년에 숲학교를 설립했을 때의 목표가 10년 뒤 매출 10억 엔이라고 했으니 두 회사를 합친 매출이긴 해도 일단 목표는 달성한 것 같습니다.

매출 10억 엔 정도 규모의 회사가 되면 약간만 대출을 받아도 1억 엔 정도 투자를 할 수 있는 상황이 됩니다. 소규모 발전과 폐열을 이용한 농업, 농업과 목재 가공을 연결하는 사업 등을 궁리하다 보면

창업의 진화

재미있는 일이 생길 것 같습니다. 즉 매출이 오른다는 것은 그만큼 도전할 거리가 생긴다는 의미입니다.

과소화지역의 아무것도 없는 상태에서도 매출 10억 엔을 달성할 수 있는 회사가 있다는 것을 확실히 보여주고 싶었습니다. 그런 사례를 보고 나도 도전하고 싶다고 느끼는 로컬벤처가 나와 주었으면 하기 때문입니다.

과소화되어 갈 수밖에 없다고 생각하면 과소화는 그대로 진행되는 수밖에 없습니다. 어떤 상황도 나아지지 않는 것이지요. 로컬벤처라고 해도 소규모 사업만 하는 것이라고 여긴다면 그렇게 그 자리에 그 정도의 수준과 상태에 머물고 마는 것입니다. 따라서 과소화·고령화의 악순환에서 탈출하려면 어차피 안 된다는 고정관념을 깨야 합니다. 저도 즐기면서 차근차근 결과를 쌓아가면서 그런 고정관념을 깨고 싶습니다.

그러나 매출이 조금씩 올라가는 것은 미래의 상황입니다. 그렇게 되기까지 많은 준비가 필요합니다. 한 방에 이루어지는 것은 없습니다. 저는 차근차근 준비해서 앞으로 20년 동안 1억~수십억 엔 규모의 로컬벤처를 10개 정도 만들고 싶습니다.

지역에는 자본주의가 부족하다

지역에도 확실하게 매출을 늘려 생산성을 높이고 월급을 줄 수 있는 회사가 많아져야 합니다. 그런 것을 너무 경시하거나 애초부터 무리라고 생각하여 포기한다면 과소화·고령화는 점점 가속화될 뿐입니다.

저는 지역에는 자본주의가 부족하다는 생각을 해왔습니다. 지역에서 "돈 따위는 상관없어"라고 말할 수 있는 사람은 대체로 부자들입니다. 진짜 돈이 필요하지만 허세를 부리는 사람들입니다. 그리고 지역에는 착실하게 돈 벌자, 벌고 싶다라고 말하기 어려운 분위기가 있습니다. 번다는 일에 대해서 어딘가 부정적으로 생각하기 때문에 지역에 자본주의적 마인드가 부족하게 된 것입니다. 그래서 제가 대표로 있는 회사에서는 '착실하게 벌고 싶다'라고 목표를 설정했습니다.

로컬벤처: 실무 편

1) 창업 자금 마련

처음에는 지원을 받아 창업 자금을 마련했습니다. 숲학교는 2009년 당시 아미타의 자회사였던 도비무시의 자회사로 설립했습니다. 도비무시에서 200만 엔과 니시아와쿠라에서 100만 엔을 받아 300만 엔으로 시작했습니다. 물론 많은 일에 도전하면서 자금도 부족해졌고 흑자에 이르기까지는 은행 대출도 어렵기 때문에 초기에 고생이 많았습니다. 그러나 돈이 없으니 할 수 없다고 한탄하지 않고 후원자나 지원해줄 회사를 찾아 필요한 자금을 조달했습니다. 마이크로투자 플랫폼으로 모금도 했습니다.

에이제로의 경우는 제 비상금 40만 엔이 자본금이었습니다. 그다음 단계의 장어 양식 시설 설치비와 연구비에는 농림수산부에서 미래기금 2억 7천만 엔을 받았습니다. 거기에 자부담 10퍼센트를 더하여 총 3억 엔으로 프로젝트를 시작했습니다.

조성금이나 지원금 제도는 쓸 수 있는 사람이 써야 합니다. 지원금에 대한 의견은 다양합니다. 지원금 성격이라서 쓰지 않겠다는 사람도 있습니다. 그러나 하고 싶은 것이 있으면 기존 제도를 활용하는 것이 좋다고 생각합니다.

사업은 기본적으로 투자한 만큼 매출을 올립니다. 특히 1차산업과 제조업에서 그런 경향이 현저합니다. 억 단위 사업을 하고 싶다면 억 단위의 투자와 조달을 해야 합니다. 그러나 자금조달을 위해서는 신용이 필요합니다. 실적을 축적하여 조달 가능한 규모를 만들어가야 합니다. 10년간 지역에서 우여곡절의 도전을 계속한 결과, 실적을 축적하여 어느 정도의 자금을 운용하게 되었습니다.

2) 우수한 동료를 늘리는 방법

동료의 대부분은 헬로워크(ハローワーク, 공공직업소개소) 구인란을 통해서 채용했습니다. 특히 지역에는 우수한 여성들이 많습니다. 결혼과 출산 때문에 경력이 단절된 여성들이 많습니다. 그런 인력을 구하기 위해 지역 평균 임금보다 10~20퍼센트 정도 높은 급여를 책정하여 사람을 구했습니다. 파트타임 근무자도 차로 30분 거리 내에서 시급을 10엔이라도 많게 책정하여 쉽게 모았습니다. 우수한 인

재를 원한다면 다른 곳보다 급여를 많이 주지 않으면 안 됩니다.

또한 다른 사람들이 별로 하지 않는 도전을 하면 거기에 흥미를 느끼는 사람도 늘어납니다. 도전하는 만큼 도전하는 사람들과의 인연이 늘어가는 것입니다. 그 결과로 업계의 최신 정보가 모이기 쉽게 되고 인재 확보도 쉬워집니다.

물론 급여도 중요하지만 더 중요한 것은 대표인 제가 즐겁게 일하는 것입니다. 이것이 가장 중요한 절대적 조건입니다. 힘들더라도 헤쳐 나가고 싶다고 생각하는 사업을 하지 않으면 동료를 모으기 어렵습니다. 마루 깔기 시제품을 만들 때나 장어 양식 실험을 할 때에 언제나 현장에서 작업했습니다.

좋아하니까 계속하는 것이고 좋아하니까 진짜가 만들어진다.
진짜가 만들어지면 살아남을 수 있다.

이는 니시아와쿠라의 미치우에의 말입니다. 흑자 상태가 되기까지 힘든 일과 내팽개치고 싶은 순간들이 있었지만 계속할 수 있었던 원동력은 결국 그 일을 좋아하기 때문이었습니다.

3) 과다하게 설계하지 않고 계획 수정도 한다

저는 사업 모델을 과장되게 설계하지 않습니다. 그런 능력도 없습니다. 심혈을 기울여 설계를 정교하게 해도 시작한 순간부터 많은 수정 사항이 발생하기 때문에 시간을 두고 차근차근 해나가는 것이 더 중요하다고 생각합니다.

중요한 것은 도전 자체가 재미있는가 어떤가입니다. 벌 수 있을까 어떨까는 확신할 수 없지만 해보고 싶어서 하는 사업이 있습니다. 누구도 해보지 않은 도전을 해보겠다며 시도할 수도 있습니다. 그렇게 실현하고 싶은 이미지가 있다면 일단 가능한 일부터 시작해보면 됩니다. 그런 과정 속에서 팀을 만들 수 있고 자원과 지식을 모을 수 있습니다. 처음부터 설계할 수 있는 사업은 보통 경쟁이 심한 레드오션뿐입니다.

어떤 상품의 공급을 생각했고 직원도 그렇게 준비한 사업이 있었습니다. 그런데 진행 과정에서 돌발 변수가 발생하여 철회하였습니다. 직원들의 반대 의견도 있었지만 상처가 더 심해질 수 있으니 이 정도 선에서 중단하는 것도 의미 있다고 생각하고 접자고 결정했습니다.

노력하는 직원들의 기분도 맞춰줘야 하지만 멈출 것인지 계속할 것인지를 결정하는 것은 경영자의 몫입니다. 세상일은 항상 부분적으로 움직입니다. 저는 일부분을 움직여 그것을 연결하여 흐름을 만드는 방식을 선호합니다.

4) 꿈과 현실적인 계산의 공존

벤처는 도전할 수 있는 것이어서 즐겁습니다. 물론 그만큼 설렐 수 있는 비전과 용기가 필요합니다. 다르게 이야기한다면, 전체적으로 보면 모험이지만 그 하나하나의 과정은 소박합니다. 누구도 오르지 못한 산에 올라가자고 말하면 모험이지만 한 걸음 한 걸음을 내딛을 때 그 발걸음은 확실한 도전이 됩니다. 무리해서 오르는 것은 옳지 않습니다.

벤처를 줄타기와 같다고 말할 수도 있습니다. 시선은 바로 위에 있지만 다른 한편으로는 밑쪽의 발 위치에도 집중해야 합니다. 사업한다는 것은 그런 느낌입니다. 앞만 보면 줄에서 떨어지고 발밑만 보면 균형을 잃고 맙니다.

도전이 즐거운 만큼 또 다른 즐거움은 이런저런 규모의 사업성과 계산입니다. 예를 들어 사람이 자연과 지역을 대하는 사업의 가치는 얼마인지, 장어 사업에서 폐목을 연료로 바꿔 그때까지 사용해왔던 석유 사용량을 줄이려면 어느 정도의 폐목을 투입해야 하는지, 그 비용은 각각 얼마가 드는지 생각하는 것입니다.

그렇게 하나하나 계산하다 보면 그 나름대로의 설렘을 느낄 수 있습니다. 계산하는 것만으로도 꿈을 꿀 수도 있습니다. 따라서 미래에 대한 꿈과 현실적인 계산은 모두 중요합니다.

5) 지역 순환에 대한 사고방식 유지

마을에 있는 어느 숙박 시설의 손님은 연간 약 1만 명입니다. 그 손님들이 평균 두 병의 맥주를 마신다면 1인당 1,500엔이니까 그것만으로 연간 1,500만 엔의 시장이 형성됩니다. 1,500명의 주민 중에 수백 명의 아이들을 제외하면 1,000명 정도는 맥주를 마실 수 있을지도 모릅니다. 그중에 많이 잘 마시는 사람이 600명 정도 있다고 가정하고, 1주일에 1,000엔 정도를 맥줏값으로 쓴다고 했을 때 총 60만 엔, 1년이면 약 3천만 엔 규모의 시장이라고 볼 수 있습니다.

즉 손님과 주민이 마시는 맥주만으로 총 4,500만 엔 규모의 맥주 시장이 만들어집니다. 이 맥주를 지금까지는 외부에서 들여왔는데 그것을 마을에서 만들면 마을 경제의 순환이 활성화될 수 있습니다. 그러니까 지역에서 어떻게든 순환시켜보겠다고 하면 아직도 할 수 있는 일이 많다는 의미입니다.

마을에서 맥주를 생산하게 되면 4,500만 엔의 맥주 시장을 확보함과 동시에 지역 외부나 주변에 판매도 가능하겠지요. 그 정도 생산 규모의 맥주 공장은 4,000~6,000만 엔으로 만들 수 있는데 그 정도 투자로 1억 엔 정도의 매출을 올릴 수도 있지 않을까 하는 상상도 매일매일 해봅니다.

상상만 한다고 사업이 될 리 없으니 연구하기도 하고 데이터도 모아봅니다. 계획이 매력적이고 성공 가능성이 보이면 동료들을 모아 더 나은 계획을 의논해봅니다. 이렇게 새로운 사업은 '상상→망상→구상→계획→실시'의 순서로 진행됩니다. 따라서 머릿속에 많은 즐거운 망상을 축적해놓는 것이 중요합니다.

인구 1,500명의 니시아와쿠라에서 10억 엔의 부가가치를 만들 수 있다고 상상해본다면 일본 전체 인구가 1억 2천만 명쯤이니까 니시아와쿠라에서 일어난 일을 일본 전체로 확대한다면 부가가치 80조 엔 정도의 규모입니다. 일본의 국내총생산(GDP)이 약 16퍼센트 정도 오를 수도 있겠네요. 그런 상상도 해보곤 합니다.

로컬벤처: 마인드 편

1) 확신을 떨쳐버리자

확신을 떨쳐버려야 새로운 것이 생깁니다. 로컬벤처가 생기지 않는 최대 이유는 무리다, 믿을 수 없다는 확신입니다. 무리라고 확신하는 데서 생길 수 있는 것은 아무것도 없습니다. 저는 그 확신을 떨쳐버리고 싶습니다.

그래서 로컬벤처라는 용어가 많이 알려지는 것은 의미 있는 일입니다. 로컬벤처가 알려지기 위해 필요한 것은 로컬벤처가 거기에 구체적으로 눈에 보이는 형태로 존재해야 한다는 것입니다. 존재하고 있는 구체적인 대상을 바라보게 되면 그런 부정적인 확신을 떨쳐버릴 수 있습니다.

한편 로컬벤처는 소규모이고 상장도 못하는 사업이며 돈도 벌 수 없다는 확신도 있습니다. 이 확신을 떨쳐버리기 위해 저는 회사 두 개를 성장시켜 돈 버는 지역 분위기를 만들었습니다. 실제로 되는 모습을 보여주면 인식도 변하게 되니까요.

지역에는 여전히 '안 돼'라는 확신으로 인해 모든 가능성을 봉합하는 경향이 팽배합니다.

2) 존경 없는 변혁은 없다

마을에 70년 된 나무가 있다고 합시다. 70년 전에 그 나무를 심은 사람과 그 나무를 보살펴 키운 사람이 있을 것입니다. 그런 활동과 고생과 마음이 누적되어 지역을 형성합니다. 즉 지역에서는 중요한 것을 계승하는 작업도 중요합니다.

로컬벤처가 그런 지역의 중요한 사항들을 고려하지 않고 내가 이 지역을 변화시키겠다며 달려드는 것은 지역 주민들에게 정말 실례입니다. 지역의 역사와 주민들의 마음을 받아들이고 함부로 하지 않기 위해 어떻게 해야 할까 하고 생각하는 것이 예의입니다.

숲학교에서는 목재 가공을 합니다. 가공하기까지 나무를 심은 사람이 있고 그것을 고생하며 길러온 사람들이 있습니다. 그 마음을 허투루 여기지 않고 조금이라도 가치 있게 만들기 위해 지금까지 목재 가공에서는 시행하지 않았던 새로운 시도를 했습니다.

한 개의 통나무에는 여러 부분이 있습니다. 그 모두를 잘 사용하여 최종 제품의 가치를 높이기 위해 중규모·소량다품목을 생산할 수 있는 공장을 만들었습니다. 조상의 마음을 고객에게 전달하기 위해 프로세스를 변혁한 것입니다.

이주자들은 빨리 적응하고 싶고, 인정받고 싶고, 존재가치를 제시하고 평가받고 싶어합니다. 그런데 그런 생각을 하는 순간 뭔가 새로운 시도를 하고 싶어지면서 변화 자체가 목적이 되기도 합니다. 그리고 이내 무엇을 위한 변화인가라는 것을 소홀히 여기게 되기도 합니다. 어떤 의미로 보면 지역에 불합리한 부분도 있지만 그런 것도 참고 받아들이는 감각을 가져야 로컬벤처를 더 잘 운영할 수 있습니다.

갑자기 일방적으로 자신의 꿈을 이야기하는 이주자가 눈앞에 나타났을 때 솔직하게 응대한다는 것은 좀처럼 쉬운 일이 아닙니다. 지역에서는 먼저 나서서 말하는 것보다 듣고 대화하는 과정이 먼저입니다. 이주자는 지역 주민이 이미 갖고 있는 지식, 정보, 리소스를 제공받지 못한 채 무방비 상태로 지역에 가는 경우가 많습니다.

따라서 이주자들이 사업을 하려 한다면 더욱더 지역 주민에게 의존할 수밖에 없다는 점을 깨달아야 합니다. 그러므로 자신의 꿈은 꿈으로서 가지고 있으면서, 지역 사람들이 다정하게 대해주는 존재가 되도록 노력해야 합니다.

3) 진심으로 지역을 위해 살아야 한다

내가 지역을 바꿔보겠다며 위에서 아래를 바라보는 식의 자세로 움직이는 것은 지역 주민에게는 민폐가 됩니다. 처음부터 지역을 위해서라고 말하는 것은 분명히 가식이고 거짓입니다. 그 마음의 기저에는 지역에서 받아주고 평가해줬으면 좋겠다는 의도가 깔려 있기 때문입니다.

"지역과제 해결을 위해 ○○를 하겠다"는 것은 좋은 말처럼 들릴 수도 있습니다. 그러나 지역에서는 사업이 어렵다, 지역은 디자인 감각이 없으니까 내 솜씨를 빌려주겠다, 지역을 위해서 내가 무엇을 해주겠다는 식의 자세를 보게 되면 지역 주민은 '이들은 도대체 뭐하는 사람일까' 하고 혼란스러워할 수 있습니다.

쉽지 않은 문제입니다. 노력하고 있는 자신을 누가 칭찬해주지 않으면 피해의식만 커져버릴 수 있고 이내 지역이 싫어질 수도 있습니다

다. 축이 자신에게 있지 않고 자신의 외부에 있는 '지역'을 중심으로
만 하면 창업 후에 더 힘들어질 수도 있습니다. 이런 경영자는 회사
를 위해서 직원이 희생하는 것도 당연하다고 생각합니다.

따라서 이주자들은 열심히 꿈을 좇아가며 자신의 행복을 위해 지
역에서 살고 도전하기를 바랍니다. 제발 그런 각오를 가지길 바랍
니다. '내가 행복해지려고 하다 보니 지역이 변화되었다'는 정도의
순서가 좋습니다.

내가 행복해지지 않으면 만족하지 못해 주위의 사람들로부터 이
상한 에너지를 받는 상황이 되기 쉽습니다. 당분간 도전을 지속하
면서 그 과정에서 신세 진 분들에게 감사하는 마음이 진정 가슴속에
서 우러나온다면 그때에야 비로소 지역을 위해 분발하면 됩니다. 그
게 진짜 마음입니다.

4) 순도 높은 두근두근함을 최우선으로 하자

사람의 생각 속에는 인정받고 싶은 욕구와 외로움에 대한 공포 그
리고 무언가에 빠져 가치를 만들고 싶다는 두 종류의 사고회로가 있
습니다. 두 가지 모두 살아가는 데 필요한 사고회로입니다. 지역 사
업에서는 후자 쪽, 즉 무언가에 빠져 가치를 만들고 싶다는 사고방
식을 중심으로 하는 게 좋습니다.

로컬벤처스쿨에서는 왜 하고 싶은가라는 배경과 원인을 파헤치면
서 정말 그 사람이 좋아하는 것을 발견하도록 지원합니다. 화려하
게 꾸민 계획을 가져오는 참가자들이 꽤 있습니다. 화려한 옷차림과

액세서리로 계획을 포장하고 오는 그런 사람에게는 우선 "맨얼굴을 하고 오길 바랍니다"라고 말하며 그것을 벗겨내는 것에서부터 시작합니다.

당신은 무엇을 하고 싶나요, 왜 그렇게 생각하나요, 정말 하고 싶은 것은 무언가요라고 다양한 각도에서 물어봅니다. 그 과정에서 자신이 생각해온 것이 흔들려 붕괴되는 사람도 있습니다. 일단 영점상태 가까이 갈 수 있을 정도로 자신을 되돌아보게 하고 다시 한 번 '왜 나는 이것을 하고 싶은가'를 생각해보게끔 지원합니다.

2015년 제1회 로컬벤처스쿨에서 채택된 야마구치 치카(山口 千夏)는 현재 니시아와쿠라에서 아동용 모자가게 우키요(UKIYO)를 운영하고 있습니다. 그녀는 정말 모자를 좋아합니다. 어린 시절 머리에 큰 상처를 입었기에 더 그렇게 되었다고 합니다. 어머니가 모자를 사 주면서 "이걸 쓰면 예뻐 보이겠구나"라고 말씀하셨는데, 그 모자를 쓰면서 자신을 극복했다고 합니다. 그래서 사신의 기분 전환과 자기 변신의 도구로서 모자를 좋아하게 된 것입니다. 자신을 받아들이고 자신을 좋아하는 수단의 하나로 모자를 소중하게 생각하고 이 직업 이외는 생각하지 않는다는 깊은 생각도 갖고 있습니다. 이런 식의 사고방식이야말로 자신이 중심이 되고 자신이 두근두근하는 사업입니다. 이런 사업이어야 본인도 주변도 행복해질 수 있습니다.

로컬벤처는 그 사람의 순수한 동기, 순도 높은 생각에 뿌리를 두고 한다면 기본적으로 오케이입니다. 자신의 내면에서 에너지가 나오고 자신도 주위도 건강해지는 존재가 로컬벤처입니다. 스스로 활기차게 되고 활력을 나눠주는 사람이 지역에 존재한다는 것은 대단히 가치 있는 일입니다.

다만 이때 주의할 점은 '인정해주면 좋겠다'라는 자아실현과의 혼동입니다. 순도 높은 진심으로 정말 무언가 가치를 만들고 싶다는 측면에서의 자기실현이라면 문제없지만 그냥 자신의 능력을 인정받고 싶다는 식의 인정욕구는 별로 바람직하지 않습니다. 어딘가 자신이 없기 때문에 '이렇게 열심히 했는데', '평가해주지 않는다. 칭찬받고 싶다'는 욕구를 갖게 되는 것입니다. 그것은 지역에 대한 민폐입니다.

자신의 존재가치를 인정받으려는 동기로만 움직인다면 전임자를 부정하는 일이 목적이 되기 쉽습니다. 나라면 더 잘할 수 있다는 생각은 결국 그때까지 해왔던 모든 사람을 부정하는 식의 생각이니 말입니다.

사실은 예전에 제가 그랬습니다…. '지역을 위해 중요한 사업이니까'라며 뭔가 하고 싶어하는 사람들의 생각을 지원하는 참모로 일하며 그것을 실현해 나가는 것이 내 일이라고 생각한 적이 있습니다. 스스로 사람과 친해지는 재능이 전혀 없다는 것을 알아차렸지만 결과를 축적하여 신뢰를 얻고 싶었습니다. 그런데 신뢰받고 싶다는 생각 자체가 인정욕구에 기초한 것으로 나 자신과 주변을 괴롭게 한다는 것을 깨달았습니다.

좀처럼 주변 사람들의 이해를 얻지 못하고 때로는 비판받는 일도 있었습니다. 지금 생각해보면 고마운 의견이지만 비판과 공격적인 발언을 들을 때마다 인정욕구는 오히려 더 강해졌습니다. 진짜 하고 싶은 게 무엇인가라는 본래의 생각은 없어지고 인정욕구만 강해지는 악순환이 반복되었습니다.

지금은 스스로 즐길 수 있는 일을 하는 것을 제일 중요하게 여깁니다. 내가 즐거우면 주변에도 그 분위기가 전달되어 즐거워집니다. 여전히 수행 중이기는 하지만, 자신을 위해서라도 스스로 크게 두근두근하며 즐거운 일을 해야 한다는 것을 배웠습니다.

그것은 솔직하게 자기 자신과 대면하고 마음의 상태를 정돈하기 위해서라기보다는 진심으로 도움이 되고 싶다, 더 나은 마을의 미래를 만들고 싶다는 염원이 자신의 내면에서 자연스럽게 우러나오도록 자신을 조절하는 시간이라고 생각합니다. 자기도 모르는 사이에 두려움에 휩싸이고 실패를 경험한 우리들이야말로 두근거리는 설레임을 우선으로 하면서 일하는 것이 좋습니다.

로컬벤처: 미래의 가설 편

이것은 앞으로 지역에서 어떤 사업이 생길 것인가, 어떤 가능성이 있다고 생각하는가라는 미래의 가설입니다. 가설은 도전으로 검증될 수 있으며 동시에 도전의 주제이기도 합니다. 가설과 검증을 반복하며 지역의 미래를 여는 것 또한 로컬벤처의 중요한 역할이기 때문입니다.

1) 복잡함과 다양성을 함께 고려하자

일본의 농림업은 시공간적으로 복잡하고 다양합니다. 한 면에 넓은 농장이 펼쳐진 듯한 공간이 아니라 거기에 사계절이 있고 시간적인 다양성도 가득합니다. 단선적인 시각으로 보면 생산성도 낮고 한 가지 물건을 대량으로 만들 수 없다고 생각할 수 있을지도 모릅니다. 그러나 다양하고 복잡한 세계이기 때문에 미래의 다양성 또한 무궁무진합니다.

숲을 좀 더 다면적으로 사용하는 것도 가능합니다. 하나의 사업만으로는 어렵지만 전체 숲 관리를 하며 계절마다 초목과 꽃, 벌꿀 등과 관련한 다면적인 사업을 할 수 있습니다. 예를 들어 닥나무 수확이 끝나면 다음은 수렵과 사슴 고기 해체 등 계절에 맞게 지속적인 1년 주기의 사업 설계가 가능합니다.

에이제로 자연자본사업부에서는 '미래의 산골 프로젝트'가 시작되었습니다. 좁은 영역에서 얼마큼 다양한 가치를 유기적으로 창조할 수 있을까 하는 도전입니다. 이 도전의 성공을 위해서는 다양성을 갖춘 팀 구성이 필요합니다. 아무튼 시간은 걸리겠지만 지역에서 무엇이든 도전하는 것은 재미있는 일입니다. 이러한 수고가 필요한 소박한 도전을 계속해가는 사람이나 사회는 거의 없겠지요. (웃음)

지금은 특별히 좋은 나무가 없는 보통의 잡목림의 경우는 1헥타르당 월 30만 엔 정도로 빌릴 수 있습니다. 1헥타르는 3,000평 정도 규모니까 1평에 100엔 정도입니다. 그럭저럭 좋은 나무가 자라고 있는 토지라면 가격은 1평당 200엔입니다. 1평에 100엔으로 빌릴 수 있는 토지로 뭔가 새로운 가치를 만들 수 있을까 하고 상상하면 또 마음이 두근두근합니다. 그런 산이 지천에 널려 있습니다.

산과 임업을 어떻게 해보고 싶다는 사람은 전국에도 많을 겁니다. 저는 임업은 어디까지나 하나의 요소라고 생각하기 때문에 임업만 고집하지는 않습니다. 자연 전체를 보면서 숲에서 가치를 만드는 것에 더 흥미가 있습니다.

그렇기 때문에 수직적 생각과 결심을 벗어버린 상태에서 가치를 만들고 싶습니다. 농협·삼림조합·수협이라고 수직 구조에서 농·임·수의 3개 부문을 수평으로 연결하는 건강한 1차산업이 있어 그 다음에 2차, 3차산업이 형성되는 건전한 지역경제를 구상하고 있습니다.

제가 사업을 인간과 생물, 일체의 상호관계의 총체적 관점에서 파악하려고 하는 이유는 생태학을 배웠기 때문입니다. 생태학과 임학 등 자연 분야의 연구자와 농학부 학생들이 좀 더 많이 지역에서 사업을 하면 좋겠습니다. 생태학적인 사고에 기반을 두면 새로운 가치 창조를 할 수 있기 때문입니다.

2) 로컬벤처들의 조합으로 새로운 가치 형성

가치는 무언가와 무언가 사이를 이어주는 관계에서 생깁니다. 특별히 새로운 것과 기술이 아니어도 좋습니다. 상황에 맞춰서 있는 것을 연결하면 가치가 생기게 되고 그런 현상이 이어지면서 연쇄 현상으로 나타나기도 합니다.

앞서 조금 소개한 적도 있지만 저는 진심으로 양봉을 하고 싶습니다. 큰 이익을 얻는 사업은 아니지만 꿀벌이 있으려면 꽃도 필요하고, 꽃이 피고 열매가 열리면 염료를 얻거나 기름을 짜는 것도 가능합니다. 연쇄 사업이 가능해지는 것입니다.

니시아와쿠라에서는 초목 염색 섬유제품을 제작하고 판매하는 염색 가게 '스즈키'와 기름을 제조하고 판매하는 '아브라보'라는 로컬벤처가 있습니다. 꽃과 식물을 취급하는 사람과 꽃이 다 핀 후에 씨를 사용하는 사업이 이미 있는 것입니다. 여기에 꿀벌이 있으면 3개 사업이 연결되겠지요.

3) 인간의 다양성이 살아나는 행복한 지역사회

로컬벤처는 '지역에는 가능성이 아직도 많다'라는 전제하에 다양한 것을 연결하여 새로운 가치를 만듭니다. 돌아다니는 만큼 새로운 것을 발견하여 새로운 조합도 찾을 수 있겠지요. 이렇게 다양성과 밀도가 있는 지역경제가 생성되고 다종다양한 사업의 집합체가 만들어질 수 있습니다.

그렇게 되면 모든 사람이 적절하고 적합한 역할을 찾을 수 있는 가능성이 높아집니다. 앞으로도 '다양성과 밀도가 있는 지역경제는 인간을 행복하게 한다'는 가설을 검증하고 싶습니다. 로컬벤처가 지역에서 착실히 돈을 벌며 늘어가는 것은 그러한 검증을 위한 중요한 첫걸음이 될 것입니다.

누군가 시작한다.
그렇게 시작이 이어진다

이 책에서 전하고 싶었던 것은 '지역에는 사업 가능성이 넘친다'라는 것뿐입니다. '진짜 가능성이 있구나. 그럼 해보자'는 분이 나온다면 정말 기쁘겠습니다. 지역에서 나고 자란 사람도 좋고 지연이나 혈연이 없는 이주자라도 좋고 공무원이어도 좋습니다.

아무튼 누군가 시작하니까 또 다른 시작도 나타나는 것입니다. 그 누군가가 가까이 있으면 '아 그렇게도 가능하구나'라고 생각하는 사람이 주변에서 나오고 새로운 도전이 시작됩니다. 새로운 도전이 또 새로운 도전을 불러들이는 연쇄반응이 나타납니다. 그리고 다양한 로컬벤처가 생겨나 그들의 상호작용에 의해서 다양성과 밀도가 있는 로컬벤처 에코시스템이 지역에 정착됩니다. 이 책이 그런 연쇄반응의 계기가 된다면 정말 기쁘겠습니다.

출판은 정말 어려운 일이었습니다. 지역에서 안절부절못하며 돌아다니는 경영자로서는 책을 출판하는 것보다는 눈앞의 일인 에이제로와 숲학교 경영에 집중하고 싶었기 때문입니다. 그러나 지역에서 보고 체험하고 생각한 것을 정리하고 싶다는 마음이 점점 커졌습니다. '지역에는 사업 가능성이 넘친다'라는 것을 확신하게 되었을 때 나 혼자만 알고 있는 것은 아까우니 많은 사람에게 알리자는 마음이 들었습니다.

니시아와쿠라에서는 면사무소의 사람들과 공방 목쿤의 구니사토 사장이 거점이 되어 도전의 연쇄반응이 발생했습니다. 거기에 휩싸여 저도 함께 도전을 이어가게 되었습니다. 덕분에 차츰 빚도 갚아가며 경영을 이어가고 있습니다.

저에게 중요한 도전의 하나는 면사무소와 연대하여 도전자를 만들고 늘릴 수 있는 틀을 만드는 것이었고, 저는 니시아와쿠라에서의 여러 가지 움직임을 관찰하고 이어가는 것이 가능한 위치에 있었습니다. 그리고 지역에는 사업 가능성이 넘친다고 확신하기에 이르렀습니다. 니시아와쿠라에서 많은 도전자들 즉 로컬벤처들의 모습을 관찰하는 과정에서 얻은 확신입니다.

로컬벤처들의 이야기와 함께 그 일을 알리는 책을 내고 싶다고 생각하던 중에 매거진 《소토코토》의 사시데 가즈마사(指出 一正) 편집장으로부터 제안을 받아 이 책을 세상에 내놓게 되었습니다. 이 책은 편집자이자 작가인 고쿠보 요시노(小久保 よしの)의 도움이 없었다면 실현될 수 없었습니다. 제가 본 일, 한 일, 생각한 일 등을 우선

창업의 진화

고쿠보에게 말하고 사시데 편집장, 고쿠보와 함께 책의 콘셉트와 구성을 검토했습니다.

그리고 많은 분들의 추가 인터뷰도 고쿠보가 진행하여 문장으로 만들었고 그것을 바탕으로 고쿠보, 사시데 편집장과 함께 원고를 완성했습니다. 이런 공동 작업을 통해 이 책을 간신히 만들었습니다. 사시데 편집장, 고쿠보! 정말로 고맙습니다.

원래 저에게 항상 자극과 에너지를 주고 있는 것은 니시아와쿠라와 아쓰마정 공무원 그리고 로컬벤처 관계자들입니다. 이분들이 없었다면 이 책도 세상에 나오지 못했을 것입니다. 또한 지역에는 사업 가능성이 넘친다고 말할 수 있는 것도 에이제로와 숲학교가 그럭저럭 살아남았기 때문에 가능했던 것입니다. 특히 숲학교의 부도 위기에는 많은 분들의 자금 지원을 받았습니다.

디자인을 담당한 부트레그(BOOTLEG)의 오하라 후미카즈(尾原史和), 야마시로 에리사(山城 絵里砂), 일러스트 후지타 쇼(藤田 翔), 카메라맨 아베 유스케(阿部 雄介), 모치즈키 사야카(望月 小夜加), 교정을 담당한 오나이도 키라쿠샤(木楽舎) 출판사의 하야노 슌(早野隼), 하시모토 안나(橋本 安奈)에게도 감사를 드립니다. 그 외에 신세진 모든 분들에게 마음으로 감사를 드립니다.

그러면 감사를 전하고 슬슬 붓을 놓았지만 정말로 많은 사람들의 얼굴이 떠오르는 가운데 마지막에 마지막으로 중요한 것을 느낀 것이 있어서 좀 더 이어가겠습니다.

'지역에는 자원이 잠들어 있는 것이 아니고 애정으로 로컬벤처의 성장을 지지해주는 큰 응원의 에너지가 잠들어 있다'고 서문을 쓰면서 느끼게 되었습니다. 지역에서 포기한 나쁜 로컬벤처 도전자가 나오더라도 지역의 미래를 포기하고 싶지 않은 많은 사람들이 응원을 해주고 있습니다. 그 사람들의 애정과 에너지를 받으면서 성장해가는 것이 로컬벤처입니다.

어떤 지역이더라도 갈 곳이 없는 애정=성장을 응원하는 에너지가 넘치고 있습니다. 로컬이야말로 벤처가 육성되는 곳이라는 느낌이 듭니다. 자신 속에 있는 '무언가가 제일 좋다'라는 기분이 자신의 속에 잠겨 있지 않고 지역의 미래로 이어질 때 지역에 잠들어 있는 큰 애정=에너지와 접속할 수 있습니다.

어떤 지역이라도 반드시 그 지역을 사랑하는 사람들이 많이 있어 그 애정이 로컬벤처를 키워가는 원동력이 될 것입니다. 누군가가 시작하면 거기에서 도전과 응원의 선순환이 시작되는 것입니다. 앞으로도 여러 지역에서 멋진 도전과 응원의 선순환이 만들어지기 바랍니다.

2018년 6월

마키 다이스케

창업으로 다시
발견하는 지역

지역 창업이라는 새로운 흐름

돌아보면 우리 사회에서 청년과 지역을 연결한 이미지는 1970년대 진행된 새마을운동에 그 원형이 있는 것 같다.

첫 장면은 돈 벌러, 진학하기 위해 친구들은 모두 도시로 떠난 텅 빈 농촌을 어떤 청년이 묵묵히 지키며 가업을 잇는 모습에서 시작한다. 모두가 떠난 농촌에서 마을을 내가 지키겠다는 의지가 충만한 뚝심 있는 청년은 스스로 궁리한 아이디어로 매출을 높이고, 기계식 농업을 도입하기 위해 도전하며, 주변의 냉소적인 시선에도 아랑곳하지 않고 고향에 대한 자신의 애정에 강한 확신을 갖고 부스터를 단 듯이 열심히 일해서 결국 마을을 일으켜 세운다.

그 모습을 도시에서 우연히 놀러 온 처자가 보고 감동하여 둘이
사랑을 꽃피워 결혼하고, 아이들을 낳고, 가족이 햇빛이 눈부시
게 내려앉은 밭에서 검게 그을린 건강한 얼굴로 활짝 웃는 사진.
그런 모습.

그것이 청년과 지역을 연결한 흔한 모습으로 지금도 여전히 사람
들의 뇌리에 남아 있다. 낙후된 농촌, 의지 강한 개인, 주변인의 만
류, 그러나 의지로 돌파하면서 주변 사람을 설득하고, 정부의 지
원…. 그 모든 과정은 너무 매끄러워서 일찍 도시로 뛰쳐나가 도시
생활에 찌든 청년의 친구들도 다시 돌아와야만 할 것 같은 분위기의
시나리오다.

그러나 그렇게 마을을 일군 청년이 있었어도 친구들은 돌아오지
않았고, 사실 그 청년은 가업을 물려받았지만 새로운 시도를 할 돈
이 없어서 어디에선가 돈을 빌렸다는 이야기는 나와 있지 않다. 무
엇보다 이 스토리는 정부가 일방적으로 진행한 새마을운동이라는
농촌 개조 운동을 홍보하기 위해 억지로 쥐어짜낸 것이었고, 여전히
많은 사람들이 도시로 도시로만 향하는 시대가 지금도 이어지고 있
다.

그럼에도 갑자기 이런 전형적인 지역+청년의 스토리가 떠오른 이
유는 지금 유행하는 청년의 지역 창업은 과거와 뭐가 다를까 하는
의문이 들었기 때문이다. 지금부터 50년 전인 그 시절에는 창업이라
기보다는 그냥 개인이 혼자 애향심으로 꿋꿋하게 고향을 지키는 것

에 방점이 있었던 것 같다.

시간이 흘러 어느 시점에서인가부터는 인생의 황금기를 도시에서 보낸 노년의 부부가 은퇴하여 우아하게 농촌에 별장을 지었다거나 명예퇴직의 칼바람을 맞기 전에 과감히 다니던 직장을 때려치우고 귀촌했다는 이야기도 들려왔다. 간만에 큰맘 먹고 농촌에 살러 갔지만 아무것도 없어 보이는 농촌에도 사람은 살고 있었고, 각종 규약이 인간의 삶보다 오래 이어진 굳건한 지역 문화가 있어서 외지인은 적응하기도 어렵거니와, 낯선 외지인을 받아들이는 시선은 곱지도 않고, 주변에 변변한 병원이나 마트도 없어서 지역살이에 적응하지 못하겠다며 다시 도시로 역이주했다는 보도도 나온 적이 있다.

그런 농촌에서 창업을 한다고? 이주자만이 아니라 지역 주민도 창업한다고? 그걸 로컬벤처라고 부른다고? 그게 가능해? 아마도 이런 생각으로 이 책을 집어든 사람들도 있을 것 같다.

이런 창업 형태가 우리나라에서 본격적으로 형성된 지는 채 10년이 되지 않는다. 코로나 때문에 대도시 외의 지역이 매력적으로 느껴졌든 대도시의 일자리나 일하는 방식에 회의감을 느껴서 지역으로 가볼까 하고 생각을 했든 지금은 주민이나 외지인들이 과거에 비해 지역 창업에 관심이 많아졌다.

여전히 로컬이라는 말이 지역을 제대로 표상할 수 있는가, 지역 창업을 모두 벤처로 부를 수 있을까 하는 의문에 대한 분명한 대답은 하기 어려운 진행기의 상황이지만 거대한 경제위기와 지역 소멸의 위기감 속에서도 지역에서 새로운 움직임이 형성되고 있는 것만큼은 분명하다.

로컬벤처의 의미

이 책은 '로컬벤처'라는 개념을 처음으로 만든 마키 다이스케 에이 제로 대표가 2018년에 쓴 책이다. 로컬벤처라는 개념을 그냥 갑자기 쓴 것이 아니라 저자 스스로 지역 창업자가 되어 수많은 체험을 하면서 창안한 용어이다.

마키 다이스케는 처음에 사회 공헌이나 사회문제 해결을 위해 창업한 소셜벤처 창업가를 보면서 지역에도 그런 창업가가 많아지면 좋겠다고 생각하였고, 지역에 일이 없으니 일을 만드는 사람이 있으면 좋겠다는 마음으로 로컬벤처라는 개념을 만들었다. 2009년에 처음 제시된 로컬벤처 개념은 '스스로의 관점으로 숨겨진 지역 자원을 발견하여 창업하는 기업형태'를 의미한다.

기업형태는 그 크기(피고용자 수)에 따라 대기업, 중소기업, 소상공인으로 나눈다. 우리나라에서 정부가 구분한 업태를 기준으로 보면 농임어업·광업·서비스업·제조업 분야 등에 1,200개의 업종이 있다.

또 다른 분류법에서는 창업자가 생계를 꾸려 나가기 위하여 시작하는 생계형 창업과 새로운 사업 기회를 모색하는 기회형 창업으로 구분하기도 한다. 이러한 기회형 창업을 벤처라고 한다면 어느 순간부터는 사회문제 해결이나 사회적 가치를 지향하는 기업을 소셜벤처라고 불렀다. 그 연장선상에서 사회적 가치, 그중에서도 지역 가치를 중시하는 것을 로컬벤처라고 부른 것이다. 즉 로컬벤처는 수익과 지역이라는 사회적 가치를 동시에 추구하는 기업형태라고 볼 수 있다.

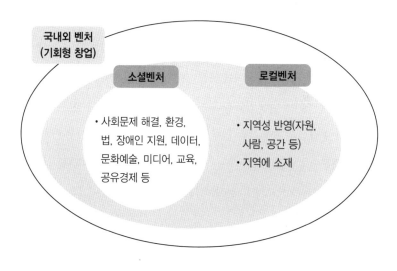

그렇다면 로컬벤처는 어떻게 만들어지는 것이고, 로컬벤처로 인해 더 나아지는 것은 무엇일까. 경제적으로 지역의 이익이 크게 늘어날까, 소멸 직전이라는 지역에 사람이 더 많아지는 것일까, 낙후된 모습이 아니라 지역의 환경 자체가 좋아지는 것일까. 여전히 의문은 늘어만 갈 수 있다.

수평적 시각으로 지역을 바라보기

책의 앞부분에서 저자는 어떤 경로로 고향도 아닌 니시아와쿠라에 오게 되었으며, 그 지역에 오기 전까지 무엇을 경험하고 무엇을 고민했는가에 대해 설명한다. 냉정하게 보면 누구나 할 수 있는 고민과 경험임에도 불구하고 인상적으로 본 부분은 다음과 같다.

숲학교 사업을 통해 지역 임업은 어느 정도 정상궤도에 올랐지만 신경 쓰이는 일이 있었습니다. 그것은 일본의 농업, 임업, 수산업의 수직적 관계입니다. 업계를 중심으로 수직적으로만 구분하기 때문에 농업은 농협, 임업은 삼림조합, 수산업은 수협이라는 식으로 구성되어 있고 이러한 종적 관계의 말단에 지역이 있는 것이 큰 문제라고 느꼈습니다.

그러나 지역에서는 본래 각자 가지고 있는 것들이 수평적으로 연결되어 존재합니다. 자연자본은 관계를 형성하는 방식으로 맞춰져 있기 때문에 수직적으로 뚝 잘라 갈라놓을 수 없는 것입니다. 그런 수직적 관계 구조에 대해 학창 시절부터 고민했습니다. 수직적이건 수평적이건 하나의 생태계로 지역을 구성할 수 없을까. 산에 사는 사람은 산만 생각하고 농가는 농업만 생각하는 것이 당연한 것이겠지만 너무 부분최적화만 강조하는 것은 아닌가 하는 생각이었습니다.

여기에서는 벼농사 기반의 농업이 있고 벼베기 후의 시기에는 임업을 합니다. 산에서 나무 베는 일과 숯과 장작 만드는 일을 모두 하는 것입니다. 또한 산에서 베어온 풀을 소에게 먹이고 똥과 오줌을 섞어 논에 비료로 써왔습니다.

산에서 나온 것이 소를 통해서 논에 들어가는 것이니 논과 산이 연결되어 있습니다. 그 생태계 속에 논과 강은 물리적으로 연결되어 논물에는 미꾸라지와 장어가 살고 있습니다. 혼연일체가 되어 여러 가치가 발생하는 상태입니다. 그런 시대의 일을 들은 터라 '전체가 연결되어 순환하고 공간 전체에서 다양한 풍요로움을 끌어내는 일이 왜 불가능해졌을까'라는 의문으로 산을 바라보곤 했습니다.

다소 긴 인용문이지만 마키 다이스케의 문제의식을 그림으로 단순화시키면 이렇게 정리할 수 있다.

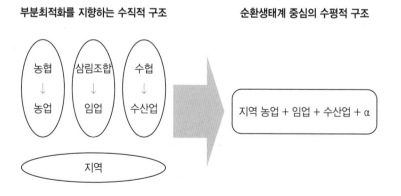

마키 다이스케는 실제 지역의 산업 환경과 현장은 분절적이고 수직적으로 분야별 최적화만 추구하는 식으로 되어 있고 그래서 지역이 맨 밑단에 있게 되는 상황인데 이 모순을 타개하려면 수직적이고 분절적인 관점이 아니라 수평적이고 연결적이며 순환적인 관점으로 전환해야 한다고 주장한다.

그는 그런 문제의식으로 숲학교를 만들어 목재 가공품을 중심으로 지역경제를 창출하고, 지역자본주의의 필요성을 알렸으며, 토양을 보호하는 에이제로층처럼 지역을 보호하는 기반을 만들고 싶어서 에이제로라는 회사를 만들어 자연자본을 활용했다.

로컬벤처 자체가 목표이고 대상이라기보다는 현재의 사업 구조와 지역의 현실을 새롭게 바라볼 수 있는 계기로 로컬벤처가 작동하고 있음을 알 수 있다. 즉 이 책은 로컬벤처 만들기 대작전, 로컬벤처 만드는 매뉴얼이 아니라 우리가 먹고 살아가는 지역이라는 공간에서 또 다른 방식의 자본주의를 추구하는 대안을 소개하는 것이 특징이다.

그 최초의 접근법은 지역이나 산업을 위계적·수직적으로 보는 것이 아니라 수평적으로 바라보는 것에서 시작한다. 주어진 관점이 아니라 되짚어보는 성찰적 관점에서 시작하는 것이다.

망설임과 고민은 결국 애정이다

수평적 관점의 필요성에 더하여 또 하나 신선하게 느낀 것은 '망설이는 사람이 지역을 만든다'는 가설이다. 흔히 생각하면 지역 창업은 강한 의지와 좋은 아이디어를 가진 진취적인 청년만 할 수 있을 것 같지만 마키 다이스케의 지적대로라면 마음속에 물음표가 가득찬 사람이라면 누구나 뭔가 새로운 일을 할 수 있고 지역에도 도움이 된다는 것이다.

　가설이지만 이제부터는 '망설이는 사람이 지역을 만든다'고 말할 수 있지 않을까요. 하고 싶은 일이 있지만 망설이는 사람, 다음 단계로 넘어가려고 결심했지만 다음 단계가 무엇인지 알지 못하는 사람, 신중하게 생각하고 고민하지만 갑갑함을 느끼는 사람, 괴로운 마음을 인정하고 일단 리셋하며 용기를 쥐어 짜낸 사람 등 여러 부류의 망설이는 사람들이 있습니다. 그런 사람들이 미래의 자신을 구상하면서 집중하여 능력을 발휘할 수 있는 기회를 미리 제공하는 것도 필요합니다.

　그런 예비 창업자 같은 사람들이 일단 마을에 살면서 여유롭게 자기 자신과 지역의 가능성을 탐구할 수 있는 기간이 필요합니다. 그 결과 실제 창업자도 생기고 창업하지 않는 사람도 자신이 할 수 있는 중요한 역할을 발견할 수 있습니다. 또한 그런 관계성에서 진짜 풍요로운 지역이 만들어집니다.

　성급한 사람, 결과와 성과만 중시하는 사람의 입장에서 보면 "뭘 망설이나, 치밀하게 준비하고 계획하여 적극적으로 해치우면 되지.

바보나 망설이는 거야. 루저 같으니라구. 못났군!" 이렇게 말할 수도 있다. 그러나 그런 직선적이고 일방적이고 단선적인 논리로 앞만 보고 달려온 산업사회 자본주의의 폐해 속에서 인권도 놓치고, 환경도 파괴하고, 차별만 양산해왔다는 것을 우리는 이미 처절하게 경험하고 있다.

즉 망설이는 사람들은 자신감이 없어서 망설이는 것도 있지만 자신이 새로운 삶을 살기 위해 새로운 사업을 하기 위해 그런 잘못을 하지 않기 위해 망설이기도 한다. 그리고 지역에 해가 되지 않으면서 자기도 행복할 수 있는 방법을 찾고 싶어서 망설이는 것도 있다. 결국 그들의 망설임과 고민은 지역과 자신의 삶에 대한 애정의 강도만큼 깊어질 수 있는 것이다.

꾸준한 준비와 여러 곳의 협업

이 책에 의하면 그런 사람들이 로컬라이프랩을 통해 1년 정도 지역에서 체험하거나 지역부흥협력대로 3년 정도 체험하고 그 과정에서 로컬-모컬 연구회 등에서 앞선 시도를 했던 사람들의 시시콜콜한 삶의 체험을 듣고 지역과의 연결점을 확대할 수 있다. 그 후에 로컬 벤처스쿨에서 5개월 정도 멘토의 혹독한 조언을 받으며 자신의 아이디어를 구체화하면 그제야 로컬 창업에 대한 준비가 된 것이라고 평가한다.

　　　　　창업의 진화

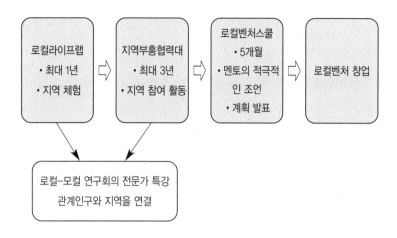

이 모든 단계를 쉽게 생각해봐도 일단 지역에 대한 호의 혹은 자신의 새로운 삶에 대한 망설임이 있는 사람은 최소 5년 이상은 진지하게 준비하는 과정이 필수인 것 같다. 참고로 저자는 아이디어가 지역에서 실현되는 데 10년은 걸린다고 말한다.

지역의 크기도 중요하다

지역 창업을 연구하기 위해 현장을 방문할 때마다 느끼는 것은 사업 최대화를 목표로 하는 것이 좋은가 아니면 소규모 영역 내에서라도 굳건히 다져나가는 것이 좋은가, 몇 명이면 창업뿐만 아니라 지역 변화에까지 영향을 미칠 수 있을까 하는 것이다.

주로 비수도권 지역을 중심으로 방문했기 때문에 도시 규모는 20~30만 명 규모였는데 인구밀도가 그리 높지 않다는 것을 감안해도 20~30만 명이면 어디에서 누가 뭘 한다는 소식을 듣기에는 한계가 많았다. 규모의 문제가 어느 정도는 작동하고 있는 것이다.

따라서 한 번쯤은 한 개의 창업이 지역 효과를 도모할 수 있는 구체적인 규모에 대해 생각해볼 필요가 있으며, 경험상 그 규모는 1만 명을 넘지 않는 선에서 착실히 시작하는 것이 좋다는 생각이 든다. 저자 역시 같은 제안을 한다.

지역경제가 발효되기 쉬운 지역만의 규모가 있습니다. 지자체와 지역의 규모가 너무 크면 활동가가 많기 때문에 관리하기 어렵습니다. 용량 범위를 초과하여 너무 복잡해져서 동시에 처리가 불가능합니다.

하나의 생활권으로 인식될 수 있는 정도의 범위가 적당합니다. 하나의 중학교 학군, 큰 시의 상점가 같은 규모면 좋겠지요. 인구 수천 명 정도의 규모가 좋습니다.

즉 이주성과 밀도가 중요합니다. 공간이 넓으면 밀도를 높이기 위해 너무 많은 에너지가 소비됩니다. 큰 방을 데우려면 보일러를 오래 틀어야 하지요. 지역 활동도 마찬가지입니다. 작은 방을 데우고 또 다른 작은 방을 데우는 편이 하고 싶은 일을 실현하기 쉬운 방법입니다. 조금씩 밀도와 에너지양을 올리는 것이 효과적입니다.

참고로 고베를 방문하였을 때 인터뷰한 어느 NPO 활동가는 자기들의 사업 범위는 사무실이 있는 곳을 기점으로 지하철역 세 정거장 이내의 범위라고 명확하게 이야기했다. "small is the most, simple is the best"인 것이다.

즉 이 책에서는 지역에 대한 관심을 로컬벤처라는 현실로 만들기 위해 개인의 창업 의지, 계획, 실천이라는 과정뿐만 아니라 사전 준비 과정에서의 망설임과 의미 찾기, 지역문제와 환경 그리고 사람을 이해하기 위해 노력하기, 성급히 실천하기 전에 충분히 함께 준비하기와 같은 (성질 급한 사람은 절대로 이해하기 어려운) 긴 과정을 소개한다. 그 과정에서 창업자뿐만 아니라 멘토, 지역 공무원, 전문가, 기업가 등 많은 직종의 사람들과의 협력은 필수적이라고 강조한다.

그러나 그것이 단지 오래 걸리는 일이라는 것에 맥 빠질 필요는 없다. 아주 오랫동안 무심했던 성장 논리와 지역이라는 존재를 이 순간 제대로 다시 성찰하여 새로운 가치를 수립하기 위해서는 당연히 그 이상의 시간이 걸릴 수밖에 없다.

그리고 그것이 너무 이상적인 시도라며 비판할 필요도 없다. 오히려 지역 창업이라는 시도 자체가 현재 횡행한 물질자본주의에 대한 급진적 비판의 요소가 있기 때문이다. 중요한 점은 이제까지와는 다른 방식을 시도할 수 있는 가능성이 지역에 있다는 것이며, 그 정도의 여지 속에서 내 인생의 새로운 가능성도 만들 수 있다는 것이다.

최근 일본에서는 이런 흐름의 연장선상에서 산촌자본주의, 시골자본주의와 같은 용어도 등장했다. 이 모든 시도는 새로운 유행어를 만들기 위한 것이 아니다. 지역에도 가능성이 있고, 지역에서의 삶 속에서도 행복을 추구할 수 있다는 것을 강조하기 위해서다.

좀 더 넓은 의미에서 의식주 공간으로서의 지역에 이제까지와는 다른 방식으로 접근하는 법, 그것을 말하고자 하는 것이다. 기회와 방법은 언제나 열려 있다. 남은 것은 선택이다.

2021년 8월

역자를 대표하여, 조희정

창업의 진화
로컬벤처와 지역재생
ⓒ마키 다이스케

초판 1쇄 발행 2021년 8월 17일
초판 2쇄 발행 2023년 6월 14일

지은이 마키 다이스케
옮긴이 윤정구·조희정
펴낸이 서복경
기획 엄관용
편집 이현호
디자인 와이겔리

펴낸곳 더가능연구소
등록 제2021-000022호
주소 04003 서울특별시 마포구 잔다리로 111(서교동), 401호
전화 (02) 336-4050
팩스 (02) 336-4055
이메일 plan@theposslab.kr

ISBN 979-11-975290-1-6   04300